SV

Susan Neiman

Fremde sehen anders

Zur Lage der Bundesrepublik

Aus dem Amerikanischen von
Christiana Goldmann

Suhrkamp

Erste Auflage 2005
Originalausgabe

Druck: Ebner & Spiegel, Ulm
Printed in Germany
ISBN 3-518-41735-5

1 2 3 4 5 6 – 10 09 08 07 06 05

Fremde sehen anders

Vorwort

Bei Wahlen spielen außenpolitische Überlegungen selten eine Rolle. Daher stehen in der Regel vor solchen Ereignissen bei Ausländern andere Gesichtspunkte im Vordergrund als bei den Bürgern des entsprechenden Landes. Vor den amerikanischen Wahlen im November 2004 dachte, ob in Dakar oder in Dortmund, niemand auch nur im entferntesten darüber nach, welchen Stellenwert in Bushs Regierungsprogramm die Ehe zwischen Homosexuellen besaß, doch gab – der allgemeinen Auffassung nach – gerade dieses Thema den Ausschlag bei der Wahlentscheidung im mächtigsten Land der Welt, und damit für die Weltpolitik in den kommenden Jahren. Es ist daher nicht erstaunlich, wenn die meisten Deutschen in den anstehenden Wahlen ihr Augenmerk eher auf innere Angelegenheiten richten als auf die Position Deutschlands in der Welt. Dennoch ist die Kluft zwischen der Fremdwahrnehmung und der Selbstwahrnehmung im Falle Deutschland größer als in anderen Nationen. Im Oktober 2004 sprach ich über die in den Staaten anstehenden Wahlen sowohl in New York als auch in Berlin. Trotz aller Meinungsunterschiede waren sich meine Freunde und Bekannten innerhalb wie außerhalb Amerikas darüber einig, was bei diesen Wahlen auf dem Spiel stand und in welche Richtung sich die Situation in den letzten Jahren entwickelt hatte.

In der gegenwärtigen politischen Krise in Deutschland

ist man von solcher Übereinstimmung weit entfernt. Die Haltung der meisten ausländischen Deutschlandkenner unterscheidet sich radikal von der ihrer deutschen Freunde. Dieses Buch, das einer Amerikanerin, möchte zwischen diesen Positionen vermitteln, indem es der jüngsten deutschen Vergangenheit den Spiegel vorhält.

Aus vielen Unterredungen wußte ich, daß die meisten meiner ausländischen Freunde und Kollegen der Meinung waren, es fehle den politischen Diskussionen in Deutschland eine Perspektive von außen. Mit welcher Wärme und Promptheit sie auf meine Bitte nach einer kurzen Stellungnahme reagierten, hat mich dennoch freudig überrascht. Danken möchte ich hier Shlomo Avineri, Seyla Benhabib, Breyten Breytenbach, Lorraine Daston, Yehuda Elkana, Amos Elon, Yaron Ezrachi, Peter Galison, Sander Gilman, Todd Gitlin, Tony Judt, Avishai Margalit, Richard Rorty, Fritz Stern und Carl Tham. Sie zeichnen für ihre Äußerungen verantwortlich, alles andere, auch alle Irrtümer, habe ich zu verantworten. Ich stehe in Ulla Unseld-Berkéwicz' Schuld, die als erste die Idee aufbrachte, ich solle ein Buch zu diesem Thema schreiben. Ohne die Unterstützung von Dominic Bonfiglio und Andreas Schulz hätte ich es jedoch in so kurzer Zeit nicht schreiben können. Ein besonderer Dank gilt Tony Judt und Martin Schaad, die ihre eigene Arbeit zurückstellten, um die meine zu verbessern. Für die Bereitschaft von Christiana Goldmann, das Ganze in Rekordzeit zu übersetzen, möchte ich herzlich Dank sagen.

Einleitung

Vor einigen Jahren führten Kognitionspsychologen eine Reihe von Experimenten durch, um die Auswirkung von Stimmungen auf die Erkenntnis zu untersuchen. Unter anderem legten sie einen Test vor:

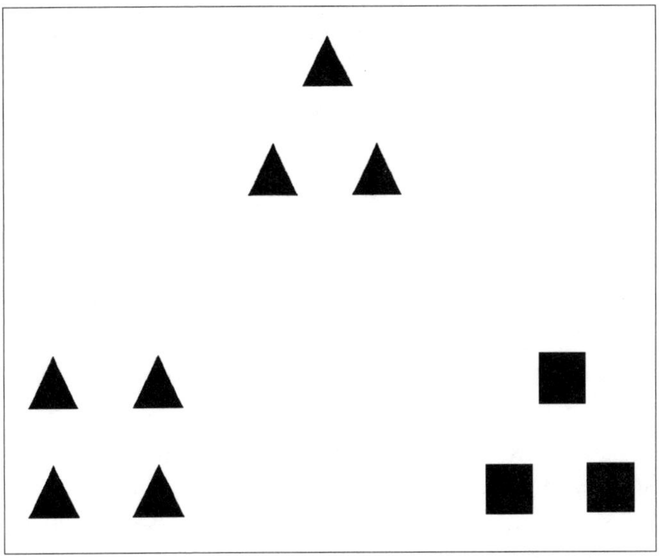

Aufgefordert, die beiden Gruppen zu benennen, die einander am ähnlichsten sind, wählten Versuchspersonen, die sich selbst als glücklich bezeichneten, die Gruppe rechts. Diejenigen, die sich für unzufrieden oder depressiv hielten, deuteten auf die linke Gruppe. Selbstverständlich gibt es hier keine richtige Antwort, denn jede Gruppe weist Ähnlichkeiten wie Verschiedenheiten auf. Auffallend ist, daß selbst auf dieser Abstraktionsstufe die zufriedenen Versuchspersonen allgemeine, auch aus der Distanz erkennbare Bildelemente betonten, während unzufriedene Versuchspersonen sich auf Kleinstmerkmale konzentrierten. Was unsere Großmütter uns immer schon gesagt haben, wurde so wissenschaftlich bewiesen: Glückliche Leute haben das, was man Weitblick nennt, sie können die Dinge in ihrer langfristigen Entwicklung betrachten. Unzufriedene Menschen verheddern sich im Gestrüpp der Einzelheiten.

In Deutschland könnte – welches der Realitätsgehalt solcher Erkenntnisse auch sein mag – der Zustand der Nation, wie er sich nach der Überzeugung der Bürger darstellt, kaum übler sein: Wie das von Pew durchgeführte *Global Attitudes Project* belegt, ist die Kluft zwischen der Wahrnehmung Deutschlands von außen und der von innen immens. Noch bemerkenswerter als der Befund, wonach Ausländer eine weit bessere Meinung von der Bundesrepublik haben als deren Bewohner, ist die Tatsache, daß Deutschland als *einziges* der untersuchten Länder durchgängig einen schlechteren Rang einnimmt als die anderen. So haben zum Beispiel 83 % der Amerikaner eine vorteilhafte Meinung von sich, während ihre Beliebtheit in den 16 untersuchten Ländern im Durchschnitt gerade einmal 48 % beträgt. 88 % der Chinesen halten viel von sich selbst, eine Meinung, die nur von 57 % der Bevölkerung anderer Länder geteilt wird.

> Unter den westeuropäischen Nationen besitzt Deutschland bei weitem die zurückhaltendste Einstellung in der Beurteilung seiner weltweiten Popularität. Nur etwa die Hälfte (51 %) der Deutschen meint, ihr Land sei generell beliebt, nahezu genauso viele (43 %) glauben, daß es generell unbeliebt sei. ... Besonders erstaunlich sind die unterschiedlichen Selbsteinschätzungen und internationalen Bewertungen der Nachbarn Deutschland und Frankreich. Acht von zehn Franzosen sind überzeugt, daß man ihr Land in der Welt schätzt, während nur etwa die Hälfte der Deutschen glaubt, in der Welt beliebt zu sein. Doch Deutschlands Beliebtheit rangiert in zehn der sechzehn befragten Länder höher als diejenige Frankreichs. Selbst die Franzosen siedeln Deutschland auf der Popularitätsskala höher an (89 %) als ihr eigenes Land (74 %).

Ob im Feuilleton oder in der Kneipe, über nichts sind sich die Deutschen aller Schichten und aus allen Regionen so einig wie darüber, das Land gehe vor die Hunde. Jeder dezente Hinweis, es stehe vielleicht doch nicht ganz so schlimm, wird als Ausdruck von Naivität und zudem als deplaziert verspottet. Deutlich ablesbar wird diese Haltung in der Eile, mit der die jetzige rot-grüne Regierung zu Grabe getragen wird. Selbst in Kreisen, bei denen die Alternative auf wenig Gegenliebe stößt, scheint ein gesunder Realismus zu verlangen, den unausweichlichen Niedergang nicht nur zur Kenntnis zu nehmen, ihn vielmehr darüber hinaus möglichst rasch herbeizusehnen.

Diese Art des Masochismus schlägt sich sogar in der Grammatik der politischen Äußerungen nieder: Bereits der Gebrauch des Konjunktivs würde eine Hoffnung zu erkennen geben, die als unvereinbar mit jedem Realitätssinn gilt. In den ersten Tagen nach Schröders Forderung von Neuwahlen hieß es noch, ein Sieg der Union sei wahrscheinlich. Wenig später erleichterte es die durchgängige Verwendung des Futurs den Journalisten, Minister mit einer anderswo unvorstellbaren Unverfrorenheit zu fragen, was sie auf ihrem Altenteil zu tun gedächten. Die allgemeine Tendenz, auf der geschwächten Regierung herumzutrampeln, besitzt zwar durchaus sadistische Züge, doch ist ein Zug zur Selbstzerfleischung deutlich spürbar. Am lautesten jubelte über eine Regierungsniederlage nicht die Opposition, sondern deren frühere Anhänger. Diese können gar nicht schnell genug das Ende ihrer Hoffnungen feiern.

Ein Großteil der gegenwärtigen Äußerungen zur politischen Lage gleicht weniger einer politischen Analyse denn einer verspäteten kollektiven *midlife crisis*. Vielleicht ist dies unvermeidlich in einer Gesellschaft, die ihre Bürger in einem Alter zur Bedeutungslosigkeit verurteilt, in der andere glauben, sie würden nun allmählich weise. Gleichwohl: Jene, die lauthals verkünden, die gegenwärtig amtierenden Minister näherten sich, wie die Kommentatoren, den Sechzigern, also einem Alter, in dem man sich eingestehen müsse, daß alle Ziele, für die man gearbeitet habe – mit Ausnahme vielleicht des Hauses in der Toskana –, als Jugendwunschtraum aufzugeben seien, stellen keine ernstzunehmenden Überlegungen an, geben vielmehr nur einen tiefen Stoßseufzer der Nation wieder.

Unzufriedene Menschen starren, so Schopenhauer, auf die kleine düstere Wolke der Gegenwart. Wie aber sieht Deutschland aus einer etwas größeren Distanz aus? Angesichts der Verhältnisse in Deutschland können ausländische Beobachter nur schwer das Urteil der *Welt* nachvollziehen, wonach dieses Land gegenwärtig die »tiefste Depression seiner jüngsten Geschichte« erlebe. Carl Tham, der schwedische Botschafter in Deutschland, vergleicht die Beurteilung der deutschen Wirtschaft im Ausland mit deren Selbstbewertung:

> Es herrscht eine enorme Hochachtung vor deutscher Technik und Qualität im allgemeinen, beides Dinge, die zur Wahrnehmung eines Landes gehören. Letztes Jahr schrieb der *Economist*, wenn ein Marsmensch auf der Erde Investitionsmöglichkeiten suche, solle er sich Deutschland anschauen. Nach dem verheerenden 20. Jahrhundert erleben wir nun ein Deutschland, das niemand fürchtet. Wer hätte das selbst noch vor ein paar Jahren gedacht? Man frage einen durchschnittlichen Schweden, was er mit Deutschland assoziiere, und er wird antworten: Autos, Fußball, Bier. Ja, und natürlich Berlin. Berlin ist eine interessante Stadt.

Wenn Tham, der in seiner langen politischen Laufbahn auch Bildungsminister war, über deutsche Kultur spricht, gerät er beinahe ins Schwärmen. »Die Kunst wird stark gefördert, und nicht nur so nebenbei. Bis jetzt. Für Theaterfreunde beispielsweise ist Deutschland ein Muß. Es ist eines der wenigen Länder in Eu-

ropa, die noch Stadttheater haben, nicht nur die großen berühmten Bühnen. In Frankreich findet man ebenfalls noch einige, aber man schaue nur nach Großbritannien: Selbst die Subventionen für das Royal Shakespeare Theatre wurden gekürzt.«
Die in Amerika geborene Professorin Lorraine Daston ist immer wieder erstaunt über den »merkwürdigen Gegensatz zwischen der Vorstellung ausländischer Wissenschaftler von der Dynamik Berlins und der chronischen Depression der Deutschen«. Als Direktorin des Max-Planck-Instituts für Wissenschaftsgeschichte begegnet sie Hunderten von Gelehrten, die nach Deutschland gekommen sind, um hier zu forschen.

> Die jüngeren Wissenschaftler bewundern Deutschlands strenge Grenzwerte für den Ausstoß von Treibhausgasen und sehen darin ein Vorbild für die übrige Welt; die älteren sind von den leidenschaftlichen Diskussionen über Deutschlands Vergangenheit ebenso beeindruckt wie von der Offenheit, mit der sie geführt werden. Jüdische Wissenschaftler, die ihr Leben lang einen Bogen um Deutschland gemacht haben, glauben jetzt, wieder deutschen Boden betreten zu können: nicht leichten Herzens, aber doch guten Gewissens, da der Wahrheit Genüge getan wurde. Fast jeder ist von der Kühnheit und Lebendigkeit der kulturellen Szene fasziniert, insbesondere was zeitgenössische Musik und Oper betrifft. Vor allem ausländische Wissenschaftler sind darüber verwundert, wie anders sich doch die Deutschen selbst wahrnehmen:

Während sie selbst glauben, sie hinkten der globalen Entwicklung hinterher, erleben die Ausländer eine Gesellschaft, die entschlossen fortschreitet. In den Worten eines jungen französischen Wissenschaftlers: »Hier beklagen die Leute sich über den Reformstau, aber an vielen anderen Orten gibt es nur Stau.«

Der englische Historiker Tony Judt, dessen umfangreiche Geschichte über das Nachkriegseuropa in diesem Herbst erscheinen wird, geht noch weiter. »Deutschland ist heute sowohl das Vorbild als auch Machtfaktor bei allem, was in Europa gut ist, und diese Funktion sollte das Land ganz eindeutig beibehalten. Die Deutschen haben ihr eigenes Modell für die Gestaltung Europas entwickelt. Selbstverständlich sind noch Korrekturen im Detail nötig, aber es gibt nichts, wofür man sich entschuldigen müßte.«
Früher versuchten viele Deutsche ihre Herkunft zu verschleiern. Im Ausland gaben sie sich als Österreicher aus, zur Not gab es auch noch die Schweiz. – Werde ich heute gefragt, wo ich herkomme, kann ich mir mehrere Antworten aussuchen. Diejenigen, die auf meine Staatsbürgerschaften deuten, führen zu längeren, nicht immer willkommenen Gesprächen. Will ich es mir einfach machen, etwa auf Reisen, gibt es nur eine Möglichkeit: Ich komme aus Berlin.

Wie es war

Anstehende Wahlen sind wie runde Geburtstage eine gute Gelegenheit, Bilanz zu ziehen. Deshalb habe ich versucht, mir klarzumachen, wie Deutschland sich verändert hat, seit ich hier im Oktober 1982 unter Herzklopfen mit einem Fulbright-Stipendium eintraf. Wie jeder junge Mensch, der zum ersten Mal in ein anderes Land reist, hatte ich nichts als überholte Bilder in meinem Gepäck. (Niemand hatte mir gesagt, daß es bessere Wege gibt, sich auf das Berliner Kulturleben vorzubereiten, als große Teile des *Faust* auswendig zu lernen, womit ich mich im Sommer 1982 herumplagte.)

Die meisten Amerikaner, die 1982 nach Deutschland kamen, standen in irgendeiner Beziehung zur Armee, und den Fuß auf deutschen Boden zu setzen verursachte bei den meisten Juden Schmerzen und Ängste, die sich oft unmittelbar in körperlichen Symptomen niederschlugen – angefangen von Schlaflosigkeit bis hin zu Ausschlag. Alpträume gehörten dazu, und Juden, die sich in Deutschland aufhielten, konnten keine Eisenbahnschienen sehen, ohne zu schaudern. Die meisten kamen erst gar nicht, und viele verstanden ihre Weigerung als eine Grundsatzentscheidung. Die Schriftstellerin Cynthia Ozick schrieb in einem offenen Brief an den *New Yorker*, wenn ihr schon eine positive jüdische Identität fehle, könne sie sich zumindest weigern, deutschen Boden zu betreten. Diejenigen, die den einen oder anderen Anlaß besaßen, dennoch hierherzukommen,

wurden mit Vorwürfen überschüttet. Für Amerikaner waren die Deutschen immer noch die Feinde, für die Juden die Mörder. Und blieb – selten genug! – der Vorwurf des Verrats am eigenen Volk durch Freunde und Bekannten aus, blieb immer noch die Möglichkeit für eine Selbstbezichtigung. Meine Mutter hatte mich nach den liberal-universellen Grundsätzen der Bürgerrechtsbewegung erzogen, aber was ich da vorhatte, ging einen Schritt zu weit. Wie solle sie das ihren entsetzten Freunden erklären? Was, um Gottes willen, bringt ein nettes jüdisches Mädchen dazu, ein Jahr ausgerechnet in Deutschland zu verbringen?
Meine offizielle Ausrede war Kant, über den ich bereits eine Dissertation begonnen hatte, doch untergründig trieb mich eine Mischung aus Neugierde und Trotz. Von Deutschland war das reine, ungeschminkte Böse ausgegangen, und dort, wenn auch nur vorübergehend, zu leben kam einem Tabubruch gleich. Für jüdische Intellektuelle bedeutete Berlin das, was der Kongo für Joseph Conrad war. Jahre später, als ich schon eine ganze Menge über den Prozeß erfahren hatte, den man Vergangenheitsbewältigung nennt, mußte ich mich erneut sehr anstrengen, um zu begreifen, warum die Ausstellung *Verbrechen der Wehrmacht. Dimensionen des Vernichtungskrieges 1941-1944* des Hamburger Instituts für Sozialforschung eine so heftige Kontroverse auslöste. Denn in der Perspektive des Auslands stand lange Zeit fest: Jeder Deutsche ist ein Nazi gewesen. Um zu akzeptieren, daß es auch Ausnahmen gegeben hat und viele Soldaten eher unter Zwang als aus Überzeugung gekämpft haben, bedurfte es einer sehr großen

Aufgeschlossenheit und der Beschäftigung mit den Quellen. Warum nun Deutsche sich derart über den Nachweis aufregten, daß viele normale Wehrmachtssoldaten an Massenmorden beteiligt waren, ließ sich nur schwer nachvollziehen, da wir gerade erst dabei waren, zu lernen, daß dies nicht für alle Soldaten galt.

Vor dem Einsetzen dieses Lernprozesses, in den sechziger Jahren, wurde in fast allen Teilen der Welt *Deutscher* mit *Nazi* gleichgesetzt. Zu meiner großen Überraschung mußte ich bei meiner Ankunft erkennen, daß das gegenseitige Vorverständnis auch in der anderen Richtung funktionierte: *Jude* bedeutete einfach *Opfer*. Wenn ich erwähnte, ich sei Jüdin, löste ich bei meinem deutschen Gegenüber stets Schock und Erstaunen aus: Das Wort war unauslöschlich mit Bildern von zum Skelett abgemagerten Häftlingen in gestreiften Anzügen oder bestenfalls mit kaftantragenden Chassidim verbunden – zu einer gewöhnlichen jungen Frau am anderen Ende des Kneipentisches paßte es überhaupt nicht. Ja, selbst in Imperfektsätzen wurde das Wort *Jude* möglichst vermieden. Berlin hatte einst gewiß viele *jüdische Mitbürger* und besaß auch immer noch *Bewohner jüdischer Abstammung*, doch das Wort selbst kam nicht über deutsche Lippen. Sogar noch heute muß ich erklären, daß die Bezeichnung *Jude* für Juden kein Schimpfwort ist.

Das Bemühen, sich gegenseitig mit äußerster Behutsamkeit zu behandeln, war auf beiden Seiten genauso vorhanden wie die unterschwellige Aggression. Mein Hinweis, ich sei Amerikanerin, löste Verachtung aus, wenn ich Glück hatte, Wut, wenn ich keins hatte; den Akzent nachzuäffen und auf die Besatzungsmacht zu schimpfen war in Berlin ein allgemeiner Freizeitsport. Mein Hinweis, ich sei Jüdin, rief bei meinen Gesprächspartnern stets Verwirrung hervor, die vielfältige, unvorhersehbare Antworten nach sich zog. Sie konnten mir, eine Möglichkeit, versichern, ihr Vater habe Juden bei der Emigration geholfen, oder, andere Möglichkeit, sie würden wegen der Besetzung des Westjordanlandes keine Avocados aus Israel kaufen. Als ich auf dem Höhepunkt der US-amerikanischen Unterstützung paramilitärischer Truppen in Mittelamerika wissen wollte, warum niemand zu einem Boykott US-amerikanischer Waren aufriefe, hielt man das für undurchführbar. Deutsche Bekannte konnten mein Unbehagen so wenig verstehen wie ich das ihre. Als ich eines Abends ein Loblied auf Berlin anstimmte, fragte man mich, warum ich nicht die deutsche Staatsbürgerschaft beantragte. Ich erwiderte, für eine Jüdin sei das nicht so leicht, aber die Bekannte fiel mir ungeduldig und verärgert ins Wort. »Das ist lächerlich. Die paar Juden, die übriggeblieben sind, werden alle mit Samthandschuhen angefaßt.« Wir sind uns nie wieder begegnet, und die Häufung von Bemerkungen wie dieser überzeugte mich, daß trotz wohlmeinender einzelner meine Kinder hier nie die Normalität erleben würden, die ich mir für sie wünschte. Ich verließ Berlin Ende November 1988.

Kaum ein Jahr später ärgerte ich mich natürlich über meinen vorzeitigen Weggang, denn das welthistorische Fest habe ich so verpaßt. Als die ersten Nachrichten davon an mein Ohr und Auge gelangten, wurde erneut deutlich, wie allgegenwärtig die Gleichung *Deutscher* =

Nazi war. Am 9. November 1989 war ich in New Haven, und das Pech wollte es, daß ausgerechnet an dem Tag unser Fernseher kaputt war. Mein damaliger Mann und ich eilten in die nächste Kneipe, um Nachrichten zu schauen. Zwei Fernsehapparate über der Theke brachten dasselbe Footballspiel, und so baten wir den Barmann, bei einem den Sender zu wechseln. »Sie kommen von da drüben«, entschuldigte der Barmann sich achselzuckend bei den anderen Gästen. Ihrer Ansicht nach konnte es keinen anderen Grund dafür geben, so früh am Tag die Nachrichten zu sehen. Nachdem wir wie gebannt erlebt hatten, wie die Menschen durch das Brandenburger Tor strömten, knurrte ein Mann rechts von uns: »Die Mauer ist weg, jetzt seid ihr frei. Können wir jetzt wieder auf das Footballspiel umstellen, Adolf?« Ich antwortete: »Das ist überhaupt nicht lustig. Wir sind Juden.« Darauf er: »Lauter Geizhälse. Denen traue ich auch nicht.« Danach konnten wir uns nur noch betrinken – eine andere Form der Solidarität mit den Berliner Ereignissen stand uns nicht offen.
Zunächst waren selbst die ausländischen Freunde Deutschlands von den Veränderungen des Jahres 1989 nicht besonders angetan. Im Gegenteil, hörte man doch Töne und Untertöne, die die schlimmsten Befürchtungen zu bestätigen schienen. »Wir sind ein Volk«, rief die Menge im Licht der Kerzen. Kein Slogan wäre weniger geeignet gewesen, uns zu beruhigen, und selbst in Äußerungen aus dem Munde eines Mannes wie Willy Brandt schien uns bereits die geringste Spur von Nationalismus verdächtig. Sofort nach dem Semesterende in Yale eilte ich über den Atlantik. Am Silvesterabend floß

in Berlin der Sekt, und es sprühten die Feuerwerke, doch die Ausländergemeinde fühlte sich von der siegestrunkenen Feier ausgeschlossen. »Wozu sollten wir rausgehen?« fragte die kroatische Dichterin Irena. »Um eine Million betrunkener, ihr Vaterland feiernder Deutscher zu sehen?« Kleine bürokratische Nadelstiche verstärkten unser Unbehagen. Zur Feier des Tages hatte die DDR alle noch bestehenden Grenzübergänge geöffnet, aber für uns Nicht-Deutschen war allein der Checkpoint Charlie geöffnet, den wir nur allein, ohne unsere deutschen Angehörigen passieren durften. »Was soll ich am Brandenburger Tor, wenn ich nicht über die Grenze darf?« murrte die chilenische Dozentin Ingrid. Am Ende landeten wir in einer türkischen Kneipe in Charlottenburg und sangen *Marmor, Stein und Eisen bricht*, aber unsere Stimmung war alles andere als zuversichtlich. Die Unvermeidlichkeit der Wiedervereinigung dämmerte uns schon bald, schließlich würden die USA sie aus demselben Grund unterstützen, aus dem sie zuvor die Aufnahme alter Nazis in die Regierung Adenauer geduldet hatten. Den Kalten Krieg zu gewinnen war stets wichtiger, als ein mögliches Abdriften nach rechts zu verhindern.

Als 1992 und 1993 unter dem Gegröle von Skinheads, die lauthals »Deutschland erwache« sangen, in Rostock und Hoyerswerda Asylantenheime brannten, schienen unsere Befürchtungen wahr zu werden. Die flugs zurechtgeschusterten Erklärungen für solche Gewaltakte kamen uns wenig überzeugend vor: Ossis, so die Wessis, hätten keinerlei demokratische Tradition, auf die sie in Krisenzeiten zurückgreifen könnten, weshalb es nur natürlich sei, daß sie auf den Umbruch durch einen Flirt mit Neonazi-Parolen reagierten. Das mag zutreffend gewesen sein, aber viel war damit nicht erklärt. Vor der Wiedervereinigung haben sicher nur wenige Ausländer in Chemnitz gelebt, doch in der antifaschistischen Tradition Ostberlins, das relativ viele Nicht-Einheimische beherbergte, fühlten wir uns oft wie zu Hause.

Aber die Gewaltakte nahmen nicht nur im Osten zu, es gab genügend vergleichbare Ereignisse im Westen. Sie bestätigten, was für uns seit langem feststand: Unter der Oberfläche brodelte ein deutsches, nicht ein ostdeutsches Problem. Die Regierung Kohl bot in ihrer Unentschlossenheit ein betrübliches Schauspiel. Wovor hatte sie eigentlich mehr Angst: das Ausland zu brüskieren, das ein mögliches Umschlagen von Nationalismus in Fremdenfeindlichkeit fürchtete, oder die Rechte im eigenen Land, die ihren Einfluß auf die politischen Entscheidungen vergrößern wollte? Gewiß, die Tausende von Menschen in ganz Deutschland, die mit Kerzen und Menschenketten gegen den Rassismus und die Untätigkeit der Regierung protestierten, boten etwas Trost. Laut, energisch und kompromißlos verurteilten sie die Brandbomben und Hakenkreuze. Doch die Verbindung zwischen dem bürgerlichen Gejammer, daß Berlin überfüllt und schmutzig sei und von Ausländern überschwemmt werde, und den Gewaltakten junger Raudis war den Deutschen nicht so klar wie uns. In erster Linie kamen aus Deutschland immer neue Nachrichten über rechte Gewalttaten. Zeigte das nicht klar und deutlich, daß jede Hoffnung auf Normalität Traumtänzerei war, die Deutschen sich niemals ändern würden?

Vor allem solche Überlegungen hielten mich 1995 davon ab, den Ruf auf eine Professur in Potsdam anzunehmen, und brachten mich dazu, statt dessen eine schlechter ausgestattete Stelle in Tel Aviv zu akzeptieren. Zwei Jahre nach den 1993 in Oslo getroffenen Vereinbarungen zwischen Israel und den Palästinensern schien Israel ein sicherer und geeigneterer Ort für drei jüdische Kinder zu sein als eine Stadt im wiedervereinigten Deutschland. Die Ereignisse der letzten zehn Jahre haben die Kurzsichtigkeit dieser Entscheidung gezeigt, die sich bestenfalls als Ironie der persönlichen Geschichte begreifen läßt. Doch 1995 sah es so aus, als würde für Deutschlands Zukunft niemand mehr seine Hand ins Feuer legen.

Geäußert haben wir unsere Abneigung nicht. Ausländer sagten den Deutschen nur ungern ins Gesicht, was sie hinter ihrem Rücken von ihnen hielten. Nicht Angst oder Heuchelei waren der Grund dafür, man wollte schlicht nicht unfreundlich sein. Bei einem Vergleich zwischen deutscher und französischer Höflichkeit, meinte Heine, seine Landsleute hielten schmeichelhafte Bemerkungen für kriecherisch, denn die Aufrichtigkeit verlange, den Menschen nur unerfreuliche Dinge direkt mitzuteilen. Wenn das zutrifft, dann verkennen sie womöglich, daß andere sich nicht so verhalten. Eine Deutsche, die jedes Frühjahr in Siena verbrachte, beklagte sich bei mir über das naive Deutschlandbild der Italiener. Immer wieder müsse sie sich das Lob der Italiener auf das Land Goethes und Schillers anhören. »Ich muß sie daran erinnern, daß das allein leider nicht Deutschland war.« Ich lächelte und beschloß, nicht weiter darauf einzugehen. Wenn *ich* allerdings Italiener traf, wollten sie immer augenzwinkernd wissen, wie ich es ertrage, in einem Land zu leben, das von Nazis wimmele. Ausländer behielten ihre Befürchtungen und Abneigungen für sich, mit einem Auge nach möglichen Verbesserungen schauend, während die Hand fest den Paß in der Handtasche umklammerte.

Wie es wurde

Wann genau dieses Verhalten sich als überholt erwiesen hatte, ist schwer zu sagen, denn es läßt sich kein einzelnes Ereignis benennen, das dafür ausschlaggebend war. Alle zusammen waren der Grund, warum die Spannung, auf subtile, schwer greifbare Weise, nachließ.

Niemals haben wir ganz aufgehört, uns wegen Berichten zu sorgen, wonach die Neonazis in der Provinz Zulauf hatten, aber wir vergaßen auch nicht, daß Le Pen noch mehr Anhänger fand. Der Umzug vom biederen Bonn ins kosmopolitische Berlin spielte sicherlich eine Rolle. Berliner vergleichen ihre Stadt gern mit New York, und trotz aller Unterschiede gibt es eine Gemeinsamkeit: Beide Städte sind vielen Provinzlern ihres Landes ein Greuel, und für alle anderen ein Magnet. Berlin besitzt weder einen Hafen noch eine Freiheitsstatue, aber immerhin eine Atmosphäre von Freiheit und Großzügigkeit. Daß sie an das Herz der Finsternis gemahnt, trägt gleichfalls zu ihrer Ausstrahlung bei. Die neue Hauptstadt ist eine Visitenkarte für ein neues Land, in einem neuen Jahrhundert, das Deutsche allmählich schätzen lernen werden. Die Tatsache, daß das attraktivste neue Viertel früher einmal das Judenviertel war, hat allerdings etwas Unheimliches. Dieses Viertel besitzt durchaus viele Vorzüge, die kleinen Gassen, die Nähe zu den Palästen der Macht. Dennoch kann man sich des Eindrucks nicht erwehren, dieser praktische

Reiz verbinde sich mit einer Sehnsucht nach dem Verlorenen.
Nächtens dringt hier im Scheunenviertel aus den Hackeschen Höfen Klezmermusik, und überall trifft man auf kleine, treffend »Stolpersteine« genannte Messingtafeln, auf denen Name, Geburts- und Deportationsdatum der Menschen verzeichnet sind, die in den dahinter gelegenen Häuser gewohnt haben. Sie erinnern die Passanten, die die engen Bürgersteige auf der Suche nach italienischen Schuhen bevölkern, still und gebieterisch zugleich daran, daß diese Stadt nicht nur auf materiellen, sondern auch auf moralischen Ruinen wiederaufgebaut worden ist. Wenn sie auf die Messingtafeln schauen – vier oder fünf aus einer Familie – kann selbst gehetzten Fußgängern der Atem stocken.
Diese Steine sind ein Projekt des Künstlers Gunter Demnig, der mehr als 4000 davon in mehreren deutschen Städten in den Boden eingelassen hat, und wie bei jedem Berliner Mahnmal ging es auch hier nicht ohne Kritik und Diskussion ab. Da es klein und lokal war, spielte sich die Debatte in beschränktem Rahmen ab, und daran änderte auch der Preis nichts, den der Künstler für seine Arbeit bekam.
Größere Projekte zogen da schon mehr Aufmerksamkeit auf sich: Das 1999 zum Holocaustmahnmal veröffentlichte Buch mit einer Auswahl von Essays über diese Gedenkstätte ist dicker als das Telefonbuch von Manhattan. Zunächst begegneten viele Juden der Gedenkstätte im allgemeinen und Eisenmans Entwurf im besonderen nicht allein mit Skepsis, sondern auch mit Spott und Hohn. Man mißtraute ritualisierten Erinne-

rungsgesten, und je bombastischer der Vorschlag, desto weniger überzeugend schien die Geste zu sein. Die Juden jedenfalls brauchten ein solches Monument nicht. Wie György Konrád schrieb: »Es wäre komisch, sollten die Juden den Wunsch hegen, das Ereignis der Vernichtung in einem sich an die ganze Welt richtenden Monument zu verewigen.«

Und was das Mahnmal für die Deutschen bringen sollte, konnte man sich auch nicht so recht vorstellen. Ein Symposion im Jerusalemer King David Hotel zum 50. Gründungstag der Bundesrepublik machte 1999 deutlich, wie schwer sich die Deutschen noch immer damit taten, den Israelis ihre Erinnerungspolitik zu vermitteln. Alle Beschwörungen ihrer historischen Verantwortung schienen phrasenhaft, schal und austauschbar, der gute Wille wirkte bemüht. Das war noch lange vor der Debatte darüber, ob es legitim sei, eine von der Firma Degussa hergestellte Lösung auf die Steine des Holocaust-Mahnmals aufzutragen, da eine Tochterfirma dieses Unternehmens das Giftgas Zyklon B an die NS-Vernichtungslager geliefert hatte. Allein der bloße Umstand, daß bereits zu einem Zeitpunkt Millionen von Mark eingeplant waren, um ein Mahnmal, von dem noch niemand eine genaue Vorstellung besaß, von Neonazischmierereien zu säubern, war besonders pikant. Viele schlossen daraus, die Erinnerung des wiedervereinigten Berlins an den Holocaust solle alle möglichen Formen annehmen, nur nicht die eines Mahnmals.

Auch ich neigte zu dieser Meinung, bis ich 1999 eines Nachmittags Unter den Linden entlangspazierte. Vieles war noch in Arbeit, vieles war im Bau. Die Fassaden der historischen Gebäude waren noch immer mit Mörsereinschüssen übersät, die an die Straßenkämpfe erinnerten und das für totalitäre Bürokratien so typische schmutzige Grau mit Farbtupfern versahen. Aber man konnte über die kaiserliche Allee von Café zu Café bummeln und die ausladenden, die Lindenbäume überragenden Gebäude bewundern. Vom Brandenburger Tor bis zum Alexanderplatz, dem Reichstag, der sowjetischen Botschaft, der Staatsbibliothek, dem Kronprinzenpalais, der Oper und dem unter einem Unstern stehenden Palast der Republik: kilometerlang paradieren in bombastischem Gepränge mehrere hundert Jahre deutscher Geschichte vorbei. An welche Epoche oder an welches Ereignis die jeweiligen Gebäude erinnern, ist nicht so wichtig: Hauptsache, sie sind monumental und pompös. Ein kleines und geschmackvolles Mahnmal wäre da verloren.

Die Achse der Stadt hat sich verschoben, und Berlin besitzt jetzt eine zentrale Prachtstraße, wie man sie sonst in Deutschland und in Europa nur selten findet. Wo soviel Geschichte Stein geworden ist, sollte der Holocaust da eine Ausnahme bilden? Westberlin war ein buntes Gemisch aus Vorstädten mit einem einzigen zentralen Gebäude, das größer als ein Kaufhaus war: der ausgebombten Kaiser-Wilhelm-Gedächtniskirche. Das neu gebaute Berlin schmückte sich mit einem Monument des Ruhmes nach dem anderen. Die Befürworter des Mahnmals wollten eine Stadt mit einem großen Stachel im Fleisch.

Für Carl Tham stellt es sich so dar:

> Andere Länder sind von den Bemühungen beeindruckt, mit der deutschen Geschichte zurechtzukommen. Natürlich war der Holocaust in seiner Bestialität einzigartig, doch andere Nationen haben auch Verbrechen begangen. Können wir uns vorstellen, daß mitten im Zentrum von Paris ein Denkmal zur Erinnerung an die französischen Verbrechen in Westafrika errichtet würde? In London gibt es sogar ein Museum mit dem Namen *Imperial War Museum*.

Er weigert sich, den Holocaust mit anderen Ereignissen gleichzusetzen:

> Deutschlands Verbrechen sind einzigartig, aber es wurden auch einzigartige Anstrengungen unternommen, sich damit auseinanderzusetzen. Die Erinnerung wird nicht abbrechen, dafür durchdringt sie tief die Familienstrukturen. Alles das hat gezeigt, daß man es ernst meint.

Avishai Margalit, Professor für Philosophie an der Hebräischen Universität in Jerusalem, ist der Überzeugung, daß Brandt Deutschland als Erinnerungsgemeinschaft konstituiert hat. »Die Idee einer Verfassungsgemeinschaft hat mich nie überzeugt«, sagt er. »Aber wenn Erinnerungen eine Gemeinschaft verbinden, können das nicht nur Erinnerungen an Kant und Goethe sein. Auch die schlechten Erinnerungen muß man berücksichtigen: Wie eignet sich eine Gesellschaft die Vergangenheit an?« Er glaubt nicht, daß die Erinnerung je abreißen wird.

> Man wird zwar immer nach einem Schlußstrich rufen, aber die Erinnerung wird weiterbestehen. Was sich ändert, sind die Formen. Brandt hat seinerzeit eine wichtige Rolle gespielt, aber er war ein Mann der großen Gesten – man denke an den Kniefall im Dezember 1970 in Warschau vor dem Mahnmal zum Gedenken an den Aufstand im jüdischen Ghetto. Heute brauchen wir kleinere Gesten, die nuancierter sein müssen und deshalb schwieriger sind. Gedenken erfordert Takt. Nicht Politik, Regeln, Prinzipien.

Margalit, Autor von *The Ethics of Memory*, rechnet es der rot-grünen Regierung hoch an, daß sie noch mehr Takt als die Regierung Brandts zeigt.

> Man muß sich nur klarmachen, daß Fischer auch einen ganz anderen Kurs hätte einschlagen können. In seiner Generation gab es ja manch einen, der erklärte: »Das mit den Juden reicht mir jetzt aber.«

Vom Wandel Deutschlands hat mich weniger das Monumentale als vielmehr ein unscheinbares Ereignis überzeugt. Im November 1999 kam ich von Tel Aviv nach Berlin, um Gespräche über die Leitung des Einstein Forums zu führen. An einem herrlichen Herbst-

morgen stand ich auf einer Spreebrücke und versuchte mir vorstellen, wie es wohl sein würde, in diesem Viertel zu leben, als sich folgende Szene abspielte: Ein junger, salopp gekleideter Mann mit Dreadlocks wurde beinahe von einem unachtsam wendenden BMW-Fahrer angefahren. Der Afrikaner sprang beiseite und schrie auf deutsch, wenngleich mit Akzent: »Bei welchem Idioten haben Sie denn den Führerschein gemacht?« Ich war erstaunt und erfreut. In den achtziger Jahren verhielten sich Ausländer in der Öffentlichkeit schüchtern und unsicher, ängstlich darauf bedacht, alles zu vermeiden, was eine feindselige Reaktion auslösen könnte. Wenn Afrikaner sich jetzt hier so frei fühlen konnten wie der mit den Dreadlocks, sollte ich mich dann hier nicht auch zu Hause fühlen können?
»Einiges ändert sich einfach mit der Zeit«, meint der israelische Schriftsteller Amos Elon, der gerade eine vielgepriesene Geschichte des deutschen Judentums mit dem Titel *Zu einer anderen Zeit* veröffentlicht hat.

In den sechziger Jahren hätte ein Günter Grass es sich nicht träumen lassen, dieses Buch über das Schiff zu schreiben. [Im Januar 1945 sank die *Wilhelm Gustloff* nach einem Angriff durch ein sowjetisches U-Boot in der Ostsee. Der Tod der 6000 Flüchtlinge an Bord ist Thema von Grass' Novelle *Im Krebsgang*.] Vermutlich war es nur eine Frage der Zeit, bis nachdenkliche Deutsche, die überzeugt davon waren, niemand sei so barbarisch wie die Deutschen gewesen, entdeckten, daß es auch andere Barbaren gab, und um zu diesem Schluß zu gelangen, mußte man sich nicht mit den Thesen des Historikers Ernst Nolte identifizieren. All das wäre vielleicht ohnehin geschehen. Aber ich glaube nicht, daß die CDU jemals zustande gebracht hätte, was dieser Regierung gelungen ist.

– Warum nicht?

Man sehe sich nur Fischers Engagement im Nahen Osten an. Es ist seine innerste Überzeugung, daß Hitler zu Israels Gründungsvätern zählt und die Deutschen moralisch verpflichtet sind, die Dinge zu richten. Damit meine ich nicht, daß Genscher sich nicht auch engagiert hätte, aber er war ein phantasieloser, kleiner Bürokrat. Fischer hat ein gewisses Flair, und er setzt sich ein. Er würde mir sehr fehlen. Wissen Sie, daß er zu bestimmten Zeiten alle drei Wochen vor Ort war, um Israelis und Palästinenser zu einer Einigung zu bewegen?

Der Zusammenhang zwischen dem Umgang mit Ausländern und dem Verhältnis zur Erinnerung ist ungeheuer vielschichtig und oft mit Emotionen beladen, die klare Überlegungen verhindern. *Die Juden von gestern sind die Türken von heute* war selbst in den achtziger Jahren kein sinnvoller Slogan, und heute ist er es schon gar nicht. Gleichwohl gehen Offenheit bei schmerzhaften Diskussionen über die deutsche Geschichte und Freizügigkeit gegenüber ausländischen Immigranten Hand in Hand: Ist das eine vorhanden, stellt sich auch das andere ein. Wie die Deutschen die Fremden in ihrer

Mitte heute behandeln, ist auch eine Probe darauf, wie aufrichtig sie mit dem umgehen, was sie den Fremden in ihrer Mitte in der Vergangenheit angetan haben.

Welche Achtundsechziger?

In dem Lied *The Times They Are A-Changin'* sang Bob Dylan:

Come mothers and fathers,
Throughout the land
And don't criticize
What you can't understand.
Your sons and your daughters
Are beyond your command

(Kommt schon, Väter und Mütter
Im Land,
Kritisiert nicht,
Was ihr nicht versteht.
Eure Söhne und Töchter
Sind eurer Fuchtel entkommen.)

In Frankfurt und San Francisco waren zwar dieselben Lieder zu hören, aber sie klangen doch sehr verschieden. Im Verlauf der Strophe schlägt Dylan dann eine zaghaft versöhnliche Note an:

Your old road is
Rapidly fading
Please get out of the new one
If you can't lend a hand
For the times they are a-changin'.

(Eure ausgetrotteten Pfade
Verschwinden schnell,
Verstellt bitte nicht die neuen
Wenn ihr schon
Keine Hand dazu reichen könnt,
Denn die Zeiten, sie ändern sich.)

Dylan räumt damit die Möglichkeit ein, daß die ältere Generation, zumindest prinzipiell, der jüngeren von Nutzen sein könnte. Die Worte *bitte* und *eine Hand reichen* markieren die Unterschiede in den sechziger Jahren zwischen Amerika und Deutschland. Weltweit spielte sich in dieser Zeit ein Generationenkonflikt bisher unbekannten Ausmaßes ab. Studenten, die in Berlin auf die Straße gingen, teilten die Befreiungsträume mit ihren Altersgenossen in Paris, Prag und Philadelphia. Ihnen allen gemeinsam war die Enttäuschung über die verknöcherten heuchlerischen Kulturformen, deren letztes Stündlein ihrer Meinung nach geschlagen hatte. Aber Enttäuschung bedeutet noch keineswegs Zorn, und was der deutschen Studentenbewegung diese besondere Dimension verlieh, war offensichtlich: Das von ihnen angegriffene Establishment bestand zu einer beträchtlichen Zahl aus ehemaligen Nazis, die nur so viel bereuten, wie die Verhältnisse verlangten. Schlimmer noch: Gerade die Kinder aus bürgerlichen Schichten, in Deutschland wie in anderen Ländern das Rückgrat der neuen Linken, waren mit der Tatsache konfrontiert, daß ihre Eltern und Lehrer zu großen Teilen freiwillig der NSDAP beigetreten waren. Diese Erkenntnis führte zu Erschütterungen, für die es im Amerika der sechziger

Jahren keine Parallele gab. Die Erschießung von vier Studenten, die 1970 an der Kent State University gegen den Vietnamkrieg demonstriert hatten, war eine Ausnahme. Nicht sie wurde zum Sinnbild der sechziger Jahre in Amerika, sondern das friedliche Mammutkonzert im Schlamm von Woodstock.

Die amerikanischen Achtundsechziger wußten, daß in ihrem Namen z.B. in Vietnam Verbrechen begangen wurden, aber das Gewehr dabei trugen nicht ihre Väter, sondern andere Amerikaner. Die Wut auf den Vater, dessen behagliches Vorstadtleben davon unberührt blieb, was der Sohn des Klempners in My Lai getan hatte, war nicht dieselbe Wut wie die auf den Vater, der überhaupt nicht darüber sprechen wollte, was er in der Wehrmacht getrieben hatte. Die Forderungen der deutschen Linken betrafen den Umgang mit den Verbrechen einer Vergangenheit, für die viele politisch wie persönlich verantwortlich waren. Das zentrale Thema der sechziger Jahre war in Deutschland die Erinnerung. Die Vergangenheit war immer gegenwärtig, ihre Auswirkungen auf die Gegenwart waren äußerst diffus.

Offiziell hatte sich die Bundesrepublik schon sehr früh zu Wiedergutmachungsleistungen verpflichtet. Die Politiker der jetzigen Regierung aber stehen noch für etwas anderes. Ihre späte Geburt war alles andere als eine Gnade. Sie wissen, was es heißt, in einer Welt mit unbrauchbaren Vätern aufzuwachsen. Auf die eine oder andere Weise war es eine Generation, deren Väter gefallen waren, und selbst jene, die lebend aus dem Krieg heimkehrten, taugten selten als Vorbilder. In ihrem Buch *Politik und Schuld* beschreibt Gesine Schwan, welche tiefen psychischen Schäden Kinder davontragen, die ohne moralische Autorität aufwachsen. Vielen mangelt es später an der emotionalen Grundlage und dem Selbstvertrauen, ohne die persönliche Beziehungen, aber auch ein öffentlicher Zusammenhalt nur schwer möglich sind.

Die Affäre 2001 um das Verhalten Joschka Fischers in Frankfurt während seiner Studentenzeit hätte all das wohl deutlich machen können. Obwohl man sich gerade an Fischer im Dreiteiler gewöhnt hatte, war niemand wirklich über die Photos erstaunt, die den späteren Außenminister auf einer gewalttätigen Demonstration zeigen. Ihre Veröffentlichung und die sich daran anschließende Debatte bestätigten nur noch einmal, daß eine radikale Veränderung stattgefunden hatte. Ein Generationenwechsel hatte sich vollzogen, und gewonnen hatten nicht die braven Schüler, die alle Regeln befolgten, sondern die wilden, lauten Rebellen, die sie brachen.

Ihr Erfolg erfüllt Todd Gitlin, Professor für Soziologie und Journalismus an der Columbia Universität, mit »Stolz auf die eigene Generation«. Er, ehemals Vorsitzender des amerikanischen SDS, gilt als der unumstrittene Spezialist für die Ereignisse der sechziger Jahre.

Schröder und Fischer gehören zu jenen, die aus den sechziger Jahren die klügsten Konsequenzen gezogen haben. Sie reagierten nicht auf jede Macht allergisch, hemmten auch nicht den Fortschritt der Geschichte. Sie begriffen sehr gut, daß politischer Fortschritt nicht um die sechziger Jahre *herum-*

> führte, sondern mitten durch das Jahrzehnt. Da haben wir ihn, den langen Marsch durch die Institutionen!

Offenbar konnten solche Urteile nur in New York gefällt werden, denn weder die deutsche Regierung noch die Opposition reagierte gelassen auf die Debatte um das Verhalten von Fischer. Nachdem die Opposition seinen Rücktritt verlangte, hat die Regierung keineswegs ihre Ableitung aus den sechziger Jahren verteidigt, sich von ihr vielmehr distanziert. Ein Leitartikler nach dem anderen begann unter Gedächtnisschwund zu leiden und beeilte sich, dem Leser zu erklären, die Studentenbewegung hätte nicht in Berlin, sondern in Berkeley ihren Ausgang genommen; die Sit-ins seien in der Bürgerrechtsbewegung, nicht im Umkreis der Frankfurter Schule entstanden; die ganzen Unruhen seien eigentlich importiert worden, und zwar vom Großen Bruder jenseits des Atlantik. Diese Erklärungen erstaunten vor allem diejenigen von uns, die sich noch gut an den Antiamerikanismus der westdeutschen Linke erinnerten, die sogar die Existenz einer amerikanischen linken Kultur bestritt. Die Ostdeutschen stellten sich dagegen immer noch vor, Angela Davis sei eine typische Amerikanerin, als sich die meisten von ihnen gar nicht mehr an sie erinnerten. Diese Wahrnehmungsverzerrung ließ man geschehen – eine verzerrte Realitätswahrnehmung war es gleichwohl.
Die zweite Reaktion der Linken auf die Affäre um Fischer bestand in einem bodenlosen *mea culpa*: Wir haben geirrt, wir waren gewalttätig, doch sollte man uns

vergeben. Die Grünen erinnerten vage daran, daß die Zeiten damals wild und schwer gewesen waren und man sehr schnell mit hineingerissen werden konnte.

Diese Selbstverteidigung der Linken bewegte sich auf gefährlichem Terrain, und das nicht nur, weil sie wie eine Fahnenflucht wirkte. Böse Zungen wiesen darauf hin, daß die Erzgegner der Achtundsechziger solche Gründe immer schnell zu ihrer eigenen Entschuldigung an der Hand hatten. Die Mitläufer der Nazis hätten auch immer von der Milch der frommen Denkungsart getrunken: Es seien nun einmal schreckliche Zeiten gewesen, und wer von ihnen erwartete, daß sie sich aus allem hätten heraushalten können, habe keine Vorstellung, was sie durchgemacht hätten.

Die gewalttätigen Übergriffe der Achtundsechziger erklären sich aber aus dem nahezu theologischen Streben nach Sühne. Das Wiedergutmachungsabkommen zwischen Israel und der Bundesrepublik unter dem Katholiken Adenauer zu Beginn der fünfziger Jahre bedeutete deutsche Geldzahlungen, löste aber keine Debatte über das Verhältnis beider Länder aus. Dagegen wirkte die Reaktion der Achtundsechziger zutiefst protestantisch: Ablaßzahlungen können nicht von den Sünden erlösen, ein Geldtransfer folglich auch nicht Deutschlands Schuld für die Verbrechen an Juden sühnen. In dem Bedürfnis, die Väter und sich selbst zu zerfleischen, wurde die Bereitschaft deutlich, Deutschlands Verpflichtungen mit mehr als bloßen Geldzahlungen zu erfüllen. Somit demonstrierte diese Generation, daß man nach diesen Verbrechen nicht einfach zur Tagesordnung übergehen konnte.

Während die Regierungsparteien in dieser Affäre nicht willens waren, zu ihrer Herkunft aus den sechziger Jahren zu stehen, scheute die Opposition nicht davor zurück, diese Regierung auch in theologischen Termini anzuprangern. Angela Merkel verlangte im Bundestag, Fischer solle eingestehen, daß er »eine total verquere Sicht der BRD« habe. Er solle offen erklären: »Ich habe mich geirrt. Dies war nicht die richtige Sicht, und ich habe deshalb Buße zu tun und das anzuerkennen.« Auf Zwischenrufe aus den Regierungsreihen, das habe er doch bereits getan, entgegnete Merkel: »Nein. Er hat sich nur für das Steinewerfen entschuldigt und ist der Meinung, die Achtundsechziger hätten einen Beitrag zur Befreiung geleistet.«
Nun vertreten viele Zeithistoriker genau diese Auffassung. Manfred Görtemaker bezeichnet die Ereignisse um 1968 als Motor für eine »Umgründung der Republik« und Wolfgang Kraushaar als eine Art »soziokulturelle Nachgründung«. Merkel beschloß ihre Ansprache mit den Worten:

> Wenn Brüche im Leben von Menschen dazu beitragen sollen, daß sie Vorbilder für Jugendliche werden, möchte ich, daß dies Menschen betrifft, die eine Veränderung friedlich herbeigeführt haben. Auf diesen Teil der deutschen Geschichte können wir stolz sein. Alle anderen müssen kritisiert werden. Unser Staat, die Bundesrepublik Deutschland, ist seit 1949 ununterbrochen eine freiheitliche, solidarische, weltoffene Republik, auf die wir stolz sein können. Mit dieser Sicht können

> wir gemeinsam weiter arbeiten, aber nicht mit Ihrem Geschichtsbild. Das ist die Wahrheit. (Deutscher Bundestag, 14. Wahlperiode, 142. Sitzung, Berlin, Mittwoch, 17. Januar 2001)

Tony Judt kommentiert:

> In den früheren sozialistischen Ländern vom Baltikum bis zum Balkan herrscht betrüblicherweise eine Gemeinsamkeit: Die Menschen dort sind unfähig, mehr als einen Gedanken zur gleichen Zeit zu verfolgen. Daß man das selbst bei Leuten wie Michnik oder Havel beobachtet, beweist, wie erfolgreich die kommunistische Erziehung war. Wenn A gut ist, dann muß B schlecht sein. Sie bemerken nicht, daß sie die Werte einfach auf den Kopf stellen.

Judt, der in den frühen achtziger Jahren die Situation im damals sogenannten Ostblock zu analysieren begann, wurde von Kreisen der westlichen Linken heftig angegriffen, weil er die sowjetische Unterdrückung hervorhob. In dem Maße, wie diese Auffassung Allgemeingut wurde, war auch Judts Position nicht mehr außergewöhnlich – wenn man davon absieht, daß er sich im Gegensatz zu vielen anderen, die den Staatssozialismus ablehnten, weigerte, das entgegengesetzte Extrem einer ungezügelten Marktwirtschaft zu propagieren.

> Weil das, wogegen die Regime sich wandten, eine Karikatur des marktwirtschaftlichen Kapitalismus

war, folgert die Mehrheit der Osteuropäer heute, daß ebendiese Karikatur eines marktwirtschaftlichen Kapitalismus eine gute Sache ist. Nach der Revolution errichteten die Rumänen sogar dem Faschisten Antonescu Denkmäler, und das nur, weil Ceaușescu ihn gehaßt hatte. Bei Merkel bekommt das Ganze noch eine eigene Wendung – vielleicht liegt es an der protestantischen Tradition. Für sie steht fest: Wir wissen nicht nur, daß die anderen im Unrecht waren, sondern wir wissen auch, daß wir recht hatten.

Natürlich waren die Ereignisse um das Jahr 1968 nicht eindimensional, und die, die damals aktiv waren, begingen mitunter groteske Irrtümer. Manche Achtundsechziger schienen es darauf anzulegen, Adornos Diktum recht zu geben: *Es gibt kein richtiges Leben im Falschen.* Neben einem gedankenlosen Antiamerikanismus entwickelte sich ein noch dubioserer Antizionismus. Dieser äußerte sich in unzähligen Einstellungen: von den Essensgewohnheiten und der Kindererziehung bis hin zu, wie wir jetzt wissen, Terroranschlägen. Die Auseinandersetzungen mit der Täter- und Mitläufergeneration führten häufig zu Entlastungsstrategien: Mit verdächtigem Eifer suchte man nach dem geringsten Hinweis auf israelische Kriegsverbrechen, als ließen sich so die Verbrechen der eigenen Eltern aufrechnen. Der Umstand, daß der Bezug auf Auschwitz zum historischen Ausgangspunkt wurde, brachte – *Nie wieder Auschwitz* – allgemeine Vorstellungen hervor, etwa Parolen wie *Lieber Häuser besetzen als fremde Länder*. Ein solcher Satz ist weder zu widerlegen, noch ist er in zivilgesellschaftlichen Diskussionen von irgendeinem Nutzen. Doch wer solche Sätze tadelt, darf nicht vergessen, welche anderen Sprüche noch bis in die achtziger Jahre gang und gäbe waren. *Euch hat man bloß vergessen zu vergasen* war in aller Öffentlichkeit zu hören – für ausländische Ohren schlichtweg unbegreiflich.

Die Kinder der Nazis versuchten, die Spuren des Diktators in sich selber auszulöschen – und schlugen nicht immer am richtigen Ort zu. Wer die Erschütterungen der Zeit verfolgte, dankte seinem Schicksal dafür, kein Deutscher zu sein. Doch zugleich war man aber auch zum ersten Mal überzeugt davon, daß die Deutschen es ernst meinten und eine deutsche Generation endlich begriff: Mit *business as usual* ist es ein für allemal vorbei. Carl Tham sagt dazu:

> In Skandinavien verfolgten wir die politisch turbulenten sechziger Jahre in Deutschland mit großer Aufmerksamkeit, und von Brandts Ostpolitik waren wir begeistert. Sein Kniefall in Warschau, Bücher wie die *Blechtrommel* und Fassbinders Filme – all das vermittelte uns das Gefühl, daß hier etwas sehr Interessantes im Gange war. Natürlich kann man es grundsätzlich nicht billigen, mit Steinen zu werfen, aber in der deutschen Politik herrscht ein Konsens, daß alle Seiten das Recht auf harte Mittel bei Auseinandersetzungen haben. Die Schweden gehen nicht auf die Straße, hier aber gehört das fest zur Tradition. Die sechziger Jahre begannen zunächst als ein gewaltiger Protest gegen

die Heuchelei der Vätergeneration, aber nach der Ermordung von Benno Ohnesorg im Jahr 1967 in Berlin hat sich das schnell radikalisiert. Auf beiden Seiten. Das Berufsverbot etwa hielten wir für total falsch, obwohl wir selbst vom deutschen Terrorismus betroffen waren, denn die RAF hat ja auch versucht, den schwedischen Justizminister zu entführen. ·

»Das ist meine Generation«, so Judt, »ich kenne die Probleme der Achtundsechziger genau. Und dabei unterscheidet sich Fischer nicht von Clinton: Der hat vielleicht nicht tief inhaliert, aber rauchen mußte er trotzdem. Auch Cohn-Bendit und sogar Blair gehören dazu, sie sprechen alle dieselbe Sprache. Wer nicht an diesen Tendenzen der sechziger Jahre partizipierte, hat ein entscheidendes Moment dessen verpaßt, was es heute bedeutet, Europäer zu sein.«
Deswegen stößt der Vorwurf der Opposition, Fischer sei wegen seiner Rolle in der Studentenbewegung »dem Ausland nicht zumutbar«, bei Nicht-Deutschen auf Unverständnis. Denn es gibt zwei deutsche Nachkriegspolitiker, denen es gelungen ist, die Gleichsetzung *Deutsche = Nazis* in Frage zu stellen, und einer davon ist Fischer. Willy Brandts Warschauer Kniefall war ein Anfang. Doch Pathos, so aufrichtig es gewesen sein mag, reicht heute nicht mehr aus. Nicht nur die Deutschen sehnen sich nach Normalität, auch die Regierungen und Bürger anderer Länder würden inzwischen nichts lieber sehen. Allerdings ist die Frage, wie sich eine solche unaufgeregte Normalität herstellen läßt,

nicht einfach zu beantworten. Joschka Fischer steht sowohl für Normalität als auch für Erfolg. Dabei ist der persönliche Erfolg, um den er beneidet wird, nicht das wichtigste. Wichtiger ist seine Verkörperung der gelungenen Normalität, sofern diese in seiner Generation überhaupt erreichbar ist. Daß solche Normalität ihren Preis hat, für ihn wie für sein Land, wird keiner bezweifeln. Doch daß sie sich einstellte, ist der Erfolg eines Deutschland, das nach den zerstörten Fabriken auch die zerstörten Sitten wieder zu etablieren vermochte. Die Bundesrepublik schuldet dieser Generation nicht die halbherzige Vergebung einer sogenannten Jugendsünde, sondern entschiedenen Dank.

Shlomo Avineri, Professor der Politologie an der Hebräischen Universität in Jerusalem und ehemals Staatssekretär im israelischen Außenministerium, bemerkt dazu:

> Joschka Fischer ist unter den europäischen Staatsmännern heute zweifellos der überzeugendste, mutigste und weitsichtigste. Sein langer Weg von der extremen Linken zu dem, was er jetzt ist, ist ein Zeugnis für seine persönliche Reifung und seine Entwicklung zum Staatsmann von moralischer Größe und Integrität. Und wie er seine Partei, die einmal die Partei einer reinen Gesinnungsethik war, in eine Partei der Verantwortungsethik verwandelt hat, kann als ermutigendes Vorbild dienen.

Avineri führt aus, daß dies besonders im Nahen Osten spürbar sei. Denn Fischers Fähigkeit, sich sowohl in die Israelis als auch in die Palästinenser hineinzuversetzen, ohne seine Glaubwürdigkeit zu verlieren, mache ihn zum einzigen Europäer, dem beide Seiten vertrauten.

> Javier Solana, in seiner Funktion als »Außenminister« der EU, versucht es, aber bislang hat er noch nicht gezeigt, daß er die nötige Phantasie besitzt, um moralische und realpolitischen Überlegungen zu verbinden, wie es für Fischer so charakteristisch ist. Dasselbe gilt für seine Vision von Europa. Bei seiner Rede in der Humboldt-Universität [*Vom Staatenbund zur Föderation. Gedanken über die Finalität der europäischen Integration*, 12. Mai 2000] hatte Fischer den Mut, das zur Sprache zu bringen, was viele andere Europapolitiker nicht offen zu sagen wagen. Während andere Politiker ihre Visionen schnell auf dem Altar taktischer Erwägungen opfern, ist Fischer fähig, aus seinen moralischen Überzeugungen eine realistische Politik zu entwerfen, die Ausdruck der Wünsche vieler ist, und selbst wenn sie nicht sofort umsetzbar ist, liefert sie den Horizont für eine zukünftige, kreative Europapolitik. Ein Beispiel dafür ist seine Haltung zur Türkei.

Seit Mai 2005 gefallen sich deutsche Medien nicht nur darin, das Ende der rot-grünen Regierung zu verkünden, sondern auch, wie Claus Peymann resümiert, »die Endzeit der Achtundsechziger«. Die Bilanzen, die für

die Achtundsechziger erstellt werden, fallen äußerst mager aus. Vielleicht ist es ja ein Zeichen der langersehnten Normalisierung, daß den Deutschen heute als einziges Erbe der Achtundsechziger nur ein Bewußtsein für die Umweltgefährdung und eine Vorliebe für Turnschuhe einfällt. Das Geschäft mit den Turnschuhen, das auf dem Rücken von Frauen und Kindern in der Dritten Welt ausgetragen wird, hat heute einen Umfang von 15 Milliarden Dollar im Jahr, man könnte also leicht bestreiten, daß saloppe Kleidung Fortschritt bedeutet, wäre da nicht der Umstand, daß es zu Bushs ersten Amtshandlungen gehörte, seinen Mitarbeitern das Tragen von Jeans zu verbieten. Die Anordnung war ein symbolischer Hieb gegen die Regierung Clinton, und sie sollte das Ende einer Ära bezeichnen, die sowohl zweideutig und wild als auch sexuell freizügig war. Symbole sind wichtig, denn sie sind Symbole für etwas. Doch selbst die hierzulande als symbolisch kleingeredeten Veränderungen werden anderswo weitaus ernster genommen.
Peter Galison, Professor für Physik und Wissenschaftsgeschichte an der Harvard Universität, meint, allein schon die Umweltpolitik mache Deutschland zu einem weltweiten Vorbild.

> Die Grünen mögen ja noch so sehr über die Kompromisse lamentieren, die die Regierung in diesen Fragen eingegangen ist, die Tatsache, daß sie an der Regierung beteiligt sind und die Themen immer wieder auf die Tagesordnung setzen, läßt Deutschlands Einfluß wachsen. Umweltfragen, die lange

als Liebhaberei von Randgruppen abgetan wurden – in den USA verspottete man sie als »Baumschmuser« –, gewinnen internationale Bedeutung, wenn sie von der Regierung eines der mächtigeren Länder der Welt ausgehen.

Lorraine Daston ergänzt:

Die Deutschen haben die Umweltpolitik unter beträchtlichen Opfern vorangetrieben. Wir befinden uns in wirtschaftlich schwierigen Zeiten, und beispielsweise die Bereitschaft, trotz aller Kosten das weltweit ehrgeizigste Vorhaben zur Reduktion von Treibhausgasemissionen umzusetzen, muß als sehr weitsichtig gelten. Man schaue sich zum Vergleich die amerikanische Regierung an. Bushs kürzlich geäußertes Eingeständnis, daß es den Menschen möglich sei, die Umwelt zu beeinflussen, gleicht dem Eingeständnis des Vatikans, daß es falsch gewesen sein könnte, Kopernikus auf den Index zu setzen – gut 350 Jahre später.

In einer bewundernden Zusammenfassung der deutschen Außenpolitik kommt *The Nation* zu dem Schluß:

Die Grünen haben aus der langen Wunschliste der Linken eine sinnvolle Innenpolitik gemacht, und viele ihrer Anliegen wurden von den großen bürgerlichen Parteien aufgegriffen. Ironischerweise hat die rot-grüne Regierung Deutschlands Rolle und Ansehen in der Welt auf eine Weise gefördert,

> wie es einer konservativen Regierung auch nicht im Traum gelungen wäre. (Paul Hockenos, 3. Juli 2004)

Tony Judt glaubt, die Unfähigkeit der Deutschen, ihre eigenen Leistungen positiv zu beurteilen, sei selbst ein Beweis für die Größe der Leistung: Der Erfolg sei so groß gewesen, daß die Deutschen ihn überhaupt nicht mehr erkennen könnten. Daß sie ihn nicht wahrnehmen, ist unleugbar. Im Feuilleton der *Zeit* stand im Juni die Schlagzeile »Der Firma Deutschland fehlt der Auftrag«. Der Schriftsteller und Unternehmer Ernst-Wilhelm Händler behauptet, Deutschland habe seine Rolle in der Völkergemeinschaft verloren.

> Wir haben eine Rolle gehabt – als Schurke des Jahrhunderts. Wir haben das Paradigma des Bösen konstituiert. Nach 1945 war's damit vorbei, wir hatten das Böse vollendet. Andere haben ihren Platz im Weltkonzert. Die Italiener sind zuständig für Design, für Schönheit, für Mode, das ist eine Tradition seit der Renaissance ... Und wir Deutschen? Wir haben gar nichts, wir sind gar nichts.

Ulrich Beck sieht die Sache zwar nicht ganz so düster, meint aber auch, eine weltweite Verwandlung, gleich der von Kafkas Gregor Samsa, habe bis jetzt ohne deutsche Beteiligung stattgefunden. »Ob die Deutschen es wahrhaben wollen oder nicht: Auch Deutschland muß sich in einer globalisierten Welt neu finden, erfinden.« (*Was zur Wahl steht*)

Was wäre, wenn Deutschland schon dabei ist, sich neu zu erfinden – und man hätte das nur aus der Entfernung erkannt?

Unsichere Symbole

Handlungen, die sich auf die symbolische Dimension beschränken, gewinnen an Bedeutung, wenn sie umstritten sind. Ich muß gestehen, daß ich den Ereignissen zum sechzigsten Jahrestag des Endes des Zweiten Weltkrieges mit Desinteresse entgegensah. Die Feierlichkeiten des Jahres 2004 in der Normandie anläßlich der Landung der Alliierten waren überraschend bewegend, lagen allerdings nicht einmal ein Jahr zurück. Was könnte gesagt oder getan werden, was nicht bereits gesagt oder getan worden war? Unterstellt, daß all jene Deutsche und Ausländer, die überhaupt etwas über Inhalt und Form der Erinnerung an Weltkrieg und Holocaust gewußt haben, zumindest wußten, daß alles nur Wiederholung sein könne, würden wir dann nicht alle wie Roboter die Feierlichkeiten durchstehen, die Gesichter zu Masken erstarrt, die die offiziell geforderte Frömmigkeit ausdrücken und den untergründigen Widerwillen verbergen? Und schlimmer noch: Könnte das erzwungene Ritual nicht Ressentiments wecken, die es zuvor noch nicht gab? Düstere Sprüche, wonach die Deutschen den Juden niemals die durch Auschwitz ausgelösten Schuldgefühle vergeben würden, kursieren seit längerem unter Juden. Als aber meine eigene, in Israel aufgewachsene Tochter seufzte, sie würde gern mal andere Geschichten als die über den Holocaust lesen, mußte ich mich fragen, ob es nicht sinnvoll wäre, auch andere Erinnerungen zu Wort kommen zu lassen.

Vielen scheint klar zu sein, daß die Erinnerung an die deutsche Geschichte neue Formen und Inhalte annehmen muß. »Die Angelegenheiten des Gedenkens können nicht so wie in den letzten 50 Jahren weitergehen«, meint Amos Elon. »Das tut heute weder den Deutschen noch den Israelis gut.« Er bedauert, daß auf der kürzlichen Feier zum 40. Jahrestag der Aufnahme diplomatischer Beziehungen zwischen Deutschland und Israel kein Versuch unternommen worden ist, dem Dialog neue Impulse zu geben. »Auf der von mir besuchten Feier im Konrad-Adenauer-Haus war beinahe niemand unter 65, und alle sagten dasselbe wie schon vor Jahrzehnten: Ist es nicht phantastisch, daß wir diplomatische Beziehungen haben!« Ein entkrampfteres, der Zukunft zugewandteres Verhalten täte allen gut.

Auf diese Weise darauf vorbereitet, Diskussionen zu ignorieren, die von den Medien rechtzeitig zum 8. Mai 2005 wieder aufgetischt würden, überraschte mich eine Debatte in Steglitz/Zehlendorf – gewiß kein Teil des ehemaligen Westens von Berlin, der besonders weltoffen ist, doch immerhin Teil Berlins. Die Diskussion begann mit einem von der CDU und FDP im Stadtrat eingebrachten Beschluß, in dem es hieß, der 8. Mai, der Tag der Kapitulation, sei in Steglitz nie gefeiert worden, und man werde nicht zulassen, »daß die oktroyierte DDR-Wertung auf Westberlin ausgedehnt wird«. (Torsten Hippe, CDU-Bezirksabgeordneter) Ich fragte mich, ob der ehemalige Bundespräsident Richard von Weizsäcker wohl zum Sprachrohr der DDR befördert worden sei, und plötzlich wurde mir die Bedeutung seiner 1985 gehaltenen Rede im deutschen Bundestag zum 8. Mai deutlicher. Einem Ausländer erscheint es ebenso selbstverständlich, den 8. Mai 1945 als Tag der Befreiung zu bezeichnen, wie darauf zu verweisen, daß viele Wehrmachtssoldaten an Kriegsverbrechen beteiligt waren. Die Einsicht, daß beides in Deutschland noch immer äußerst kontrovers diskutiert wird und ein Ende der Diskussion auch nach zwanzig Jahren nicht in Sicht ist, war ein Schock – und die Debatte kam nicht in einer Kleinstadt in Bayern auf, sondern mitten in der erinnerungsoffenen Hauptstadt.

In einem zweiten Beschluß versuchten CDU und FDP, die Weigerung, den 8. Mai als Tag der Befreiung zu bezeichnen, zu begründen. »Der 8. Mai 1945 steht neben der Befreiung vom totalitaristischen Naziregime auch für den Schrecken und das Leid der Bevölkerung, die die Rote Armee von Ostpreußen bis nach Berlin zu verantworten hat. Gedacht werden soll der Verfolgten und Ermordeten des Naziregimes, der Kriegsopfer, Flüchtlinge, Vertriebenen, geschändeten Frauen und der Opfer des sinnlosen Bombenkrieges.« (*Die Zeit*, 14. April 2005) Daß Deutschland den Krieg begonnen hat, wurde im Antrag nicht erwähnt. Proteste waren von SPD, Grünen, PDS, der evangelischen Kirche sowie der jüdischen Gemeinde zu vernehmen, auch ein Sprecher der russischen Botschaft meldete sich zu Wort: »Die Formulierung verschleiert, daß die Rote Armee nicht auf eigene Initiative nach Deutschland gekommen ist.«

Dazu meint Judt:

> Die CDU bezieht zu Fragen wie diesen oder auch dem Status der Vertriebenen keine deutliche Posi-

tion. Wissen die Menschen in Deutschland eigentlich, daß es kleine, aber entscheidende Fragen sind, die den Ausschlag dafür geben, ob dies ein modernes Land ist, das auf der Weltbühne eine bedeutende Rolle einnehmen kann, oder ein Land, das mit seinem bizarren und schrecklichen Erbe nicht zurechtkommt?

Die gegenwärtige Regierung hält für ihn ein erstaunliches Gleichgewicht zwischen Verdrängung und Beschwörung der eigenen Vergangenheit.

Dadurch kann sie ohne pathologische Verrenkungen mit anderen Europäern meiner Generation sprechen. Ich weiß nicht, wohin CDU und FDP uns bringen würden, aber sie würden uns sicherlich zurückwerfen.

– Zurück wohin?

Sie würden Deutschland wieder in ein neurotisches, um sich selbst kreisendes Deutschtum führen. Schröder und Fischer haben uns davon erlöst.

Hat eine Erinnerungspolitik das Recht – vielleicht auch die Pflicht –, die Erinnerungen des Volkes der Täter und Mitläufer einzubeziehen? »Der Ton war in der deutschen Politik immer sehr wichtig«, sagt der Historiker Fritz Stern. Ausgewogenheit und Zeitpunkt spielten eine beinahe ebenso entscheidende Rolle. Während nach dem amerikanischen Bürgerkrieg der amerikanische Süden ausschließlich das eigene Elend beklagte und erst seit kurzem die Erinnerungen der Sklaven und ihr Leid aufgewertet werden, war die Bundesrepublik schneller. Obwohl die Leiden der Vertriebenen in vielen Diskussionen der fünfziger Jahre im Vordergrund standen, wußte spätestens nach dem Eichmann-Prozeß 1961 fast jeder, daß sein eigenes Leid gegenüber dem eines Überlebenden von Auschwitz zurücktreten mußte. Daß die Bundesrepublik gleichwohl das Recht hat, der im Feuersturm umgekommenen Zivilisten oder der vergewaltigten Frauen zu gedenken, wird kein Mensch ernsthaft bestreiten.

Doch Politik ist keine Therapie, und was politisch zählt – zumindest zählen sollte –, ist nicht die Äußerung tiefempfundenen Leids, sondern die Übernahme von Verantwortung. Wir alle täten gut daran, die Überlegung von Tzvetan Todorov zu beherzigen: Die Deutschen sollen über die Einzigartigkeit des Holocaust reden, die Juden über seine Universalität. Dies meint natürlich nicht, daß Auschwitz überall ist, nur, daß Massenmord immer wieder und in immer neuer Form möglich ist.

»Der Aufruf *Nie wieder Auschwitz* kann nicht einfach bedeuten *Nie wieder sollen Deutsche Juden in Konzentrationslagern vergasen*«, schreibt der amerikanische Autor David Rieff. In dieser Bedeutung ist die Aussage natürlich kein Aufruf, sondern eine Tautologie. Nehmen wir seine universale Bedeutung ernst, besteht die Gefahr, daß wir alle am Wettbewerb um den ersten Preis im Leidensvergleich teilnehmen: Wenn das Verbrechen, das an meinem Volk begangen wurde, einzigartig ist, dann ist mein Leid größer als deines. Es wäre eine

Untersuchung wert, die die Frage klärte, wie der Wettbewerb um das größte Opfer den Wettbewerb um den größten Helden ersetzt hat und ob im politischen Diskurs dadurch wirklich Fortschritte zu konstatieren sind. Im Augenblick ist soviel gewiß: Nur das Opfer ist in der Position, mit Anstand darauf zu bestehen, daß das Leid anderer größer als sein eigenes ist. Vergleicht der Täter, ist es eine Geste der Verharmlosung, vergleicht das Opfer, ist es eine Geste der Gnade.

Todorovs Bemerkung ist bereits vorweggenommen in einer von Kants besten Überlegungen: Wir besitzen, so stellt er fest, eine starke Neigung, uns um die Tugendhaftigkeit der anderen und unsere eigene Glückseligkeit zu sorgen. Kant ist der Auffassung, ein Großteil der Übel in der Welt würde verschwinden, wenn wir dieses Verhältnis einfach umdrehten. Statt über die Tugend der anderen – oder genauer deren Fehlen – nachzudenken, sollte ich mich mit der meinen beschäftigen. Statt die eigene Glückseligkeit anzustreben, sollte man sich um die des anderen kümmern. Wäre nicht beiden damit besser gedient? Was utopisch klingen mag, ist nicht anderes als eine Sache des gesunden Menschenverstandes. In diesem Sinn ist Todorovs Maxime zu verstehen. Eine Welt, in der Juden weniger auf der Einzigartigkeit ihres Leids insistieren müßten und in der Deutsche weniger versuchten, es zu verallgemeinern, wäre eine Welt, in der Versöhnung nicht mehr nötig wäre. Eine solche Welt existiert nicht, und deshalb erfüllt die Erinnerungspolitik weiterhin wichtige Aufgaben – sie steckt zwar nicht mehr in den Kinderschuhen, aber die Unbeholfenheit der Jugendjahre hat sie noch nicht überwunden.

Um so wichtiger ist es, nach nicht bloß symbolischen Veränderungen in der Bundesrepublik zu suchen und sich zu fragen, welche Konsequenzen die kollektive Erinnerung an die Grausamkeiten und Greuel an Millionen Menschen für den Umgang mit den anderen in der Gegenwart haben. War die Beschimpfung des Autofahrers durch den Afrikaner ein vereinzeltes Ereignis? Ja und Nein. Fernsehmoderatoren mit dunkler Haut und makellosem Deutsch rufen nicht mehr dasselbe Erstaunen hervor wie noch vor zwanzig Jahren, und auf den Straßen hört man vielerlei fremde Sprachen, nicht nur in Kreuzberg, sondern in beinahe allen Winkeln des Landes. Wenn in den achtziger Jahren das Gespräch auf Ausländer kam, dann diskutierten Deutsche *über* Ausländer. Heutzutage fühlt sich die zweite und dritte Generation der aus unterschiedlichen Ländern Eingewanderten frei, nicht nur auf der Straße zu schimpfen, sondern auch am öffentlichen Leben teilzunehmen. Daß ein großer Teil der türkischen Gemeinde noch nicht integriert ist, steht außer Zweifel, und wie die periodischen politischen Eklats auf dem rechten wie dem linken Flügel zeigen, ist Fremdenfeindlichkeit eine Tatsache, die sich für politische Zwecke instrumentalisieren läßt. Doch viele, die wie Peter Galison seit Jahrzehnten regelmäßig in Deutschland gearbeitet haben, bemerken, daß »die Spannungen merklich nachlassen«.

Die Distanz gegenüber den osteuropäischen Immigranten ist gewiß größer, doch scheint der deutsche Durchschnittsbürger mit lange hier lebenden Türken keine Probleme zu haben. Heute besteht die Aufgabe darin, die alten Debatten, in denen es um Ablehnung oder um Tolerierung der Ausländer ging, hinter sich zu lassen und zu erkennen, daß die Ausländer eine echte Bereicherung für die Gesellschaft sind. »Multikulti« wird immer so abwertend gebraucht, die Frage jedoch lautet, wie das neue Modell des Zusammenlebens aussehen könnte. Die SPD hat keine Lösung, aber zumindest beschäftigt sie sich mit dem Thema, während die CDU nicht eine einzige Idee zu dem größten Problem hat, mit dem ganz Europa konfrontiert ist.

Seyla Benhabib, Professorin für politische Theorie an der Yale Universität, hält es für besonders wichtig, daß Deutschland sein Staatsbürgerschaftsrecht geändert und endlich anerkannt hat, daß es ein Einwanderungsland ist.

Durch die Änderung der *lex sanguines* hat die rotgrüne Regierung Deutschland zu einer offenen Gesellschaft gemacht. Auch wenn einige Politiker das vielleicht nur zähneknirschend getan haben – immerhin haben sie dem Gesetz zugestimmt. Und es ist keineswegs bloß eine fixe Idee der Linken. Wenn man die Wirtschaft liberalisieren will, dann kann man nicht gegen eine Liberalisierung der Einwanderungspolitik sein. Was das betrifft, hat die SPD die Gesellschaft ins 21. Jahrhundert geführt. Ganz Europa ist vor allem mit sich selbst beschäftigt oder, wenn man so will, fremdenfeindlich; aber eine dynamische Wirtschaft ist ohne eine offene

Gesellschaft nun einmal nicht zu haben. Blair ist in dieser Hinsicht wenigstens konsequent, er vertritt den ökonomischen *und* kulturellen Liberalismus. Allerdings haben die Briten sich ohnehin immer schon leichter getan mit der Vorstellung einer multikulturellen Gesellschaft. Die CDU dagegen will das eine ohne das andere.

Sander Gilman, Professor für Kulturgeschichte an der Emory Universität in Atlanta, beschäftigt sich seit Anfang der sechziger Jahre mit Deutschland. Das macht ihn nicht nur zu einem der Amerikaner, die sich als erste nach dem Krieg mit der deutschen Kultur befaßten, sondern zum ersten, der für die Wiederbelebung der deutsch-jüdischen Kultur plädierte – und das zu einer Zeit, in der den meisten Ausländern diese Vorstellung nicht bloß absurd, vielmehr geradezu verrückt erschien. 1994 kam der vergleichsweise optimistische Gilman jedoch zur Schlußfolgerung:

> Die Häufung von fremdenfeindlichen Angriffen in Deutschland und die bei Deutschen wie Nicht-Deutschen zunehmend spürbar werdende Angst lassen natürlich die Möglichkeit und Wünschbarkeit einer Renaissance der jüdischen Kultur in Deutschland fraglich erscheinen. (Gilman und Remmler, *Reemerging Jewish Culture in Germany: Life and Literature Since 1989*, New York 1994)

Elf Jahre später ist Gilman wieder gelassen:

Natürlich gibt es in Deutschland Fremdenfeindlichkeit. Die gibt es in jeder Gesellschaft. In einer idealen Welt gäbe es keinen Rassismus. In der realen Welt aber kommt es darauf an, daß die Leute Angst davor haben, fremdenfeindliche Handlungen zu begehen, ganz unabhängig davon, was sie denken. Deswegen ist der Rechtsstaat so wichtig, und das ist auch das Wichtige an den Entscheidungen der augenblicklichen Regierungen.

– An welche Entscheidungen denkt Gilman dabei?

Als Rot-Grün das Judentum zu einer der drei offiziellen deutschen Religionsgemeinschaften erklärte, war die Frage, die Leo Baeck 1949 gestellt hatte, endlich beantwortet: Kann es nach dem Holocaust eine jüdische Gemeinde in Deutschland geben? Und sollte es das überhaupt? Jetzt existiert sie, und die Entscheidung, den Juden aus der Sowjetunion einen Rechtsstatus zu geben, war sehr wichtig. Kohl war von dem damaligen Vorsitzenden der Jüdischen Gemeinde mehr oder weniger dazu gezwungen worden, aber Rot-Grün hat diese Entscheidung gegen den Widerstand der Opposition verteidigt. Das hat dazu geführt, daß wir hier jetzt eine vitale, muntere jüdische Gemeinde haben, nicht nur einen stummen Abglanz.

Das wird sicher nirgends erkennbarer als in Berlin. In den achtziger Jahren gab es kaum Anzeichen für ein öffentliches jüdisches Leben, außer einem Laden für orientalische Delikatessen in Charlottenburg, in dem man, von Matze über Chanukkakerzen bis zu Falafel, alles mögliche kaufen konnte, oder dem koscheren Metzger, der unweit davon zweimal die Woche seine Türen öffnete. Doch hatte die koschere Metzgerei ihr Schild verkehrt herum angebracht, so daß man es nur im Ladeninneren lesen konnte, wenn man also ohnehin schon wußte, wo man sich befand. Und das Geschäft, das Delikatessen aus dem Orient führte, zeigte seinen Namen – *Shalom* – nur auf einem kleinen, handgeschriebenen Schild, das in einer Ecke des Schaufensters verschwand. Selbst die Juden, die keine Bombenattentate oder zerschlagene Schaufensterscheiben fürchteten, hielten es für besser, nicht übermäßig aufzufallen, und Ostberlin besaß, abgesehen von einer Synagoge, überhaupt keine jüdischen Einrichtungen. In den letzten zehn Jahren ist die Zahl jüdischer Einrichtungen enorm gestiegen, von kleinen Läden und Cafés bis hin zu Kulturzentren. Obschon viele von ihnen unter Polizeischutz stehen, sind ihre hebräischen Namensschilder – wenn auch vielleicht nicht ganz ohne Unbehagen – weithin sichtbar angebracht.

Daß sich das noch einmal ändern könnte, ist unwahrscheinlich. Dafür ist das Bedürfnis, die Verbrechen des Holocaust wiedergutzumachen, zu tief im kollektiven Bewußtsein verankert. »Aber«, so Gilman, »die Rechten verfügen seit jeher über zwei Reaktionen auf Rassismus und Antisemitismus. Entweder erklären sie das Problem zum Randproblem oder sie instrumentalisieren es für ihre politischen Zwecke, wie man das bei Möllemann beobachten konnte. Das ist keine Frage der Person«, präzisiert er.

> Ich habe enormen Respekt vor Angela Merkel. Als Kohl erwartete, daß sich in der Schwarzgeldaffäre, als er die Namen der Spender für seine Partei nicht preisgeben wollte, alle hinter ihn stellen würden, hat sie den Mut gehabt, das Problem beim Namen zu nennen, und das war ganz bestimmt nicht leicht für sie als Alibifrau und Quotenossi. Mir geht es hier also nicht um Personen, sondern um Politik. Die SPD hat nie bestritten, daß Rassismus und Fremdenfeindlichkeit Realitäten sind, mit denen der Staat sich auseinanderzusetzen hat.

Alles in allem betrachtet, hat sich sogar etwas außerordentlich Positives entwickelt, meint Tony Judt. »Die Atmosphäre von Schröders Deutschland ist durch zahlreiche kosmopolitische Gespräche geprägt, mehr als in Frankreich oder Großbritannien. Letztere sind auf ihre Beziehung zu Amerika fixiert, aber in Berlin kann man über den Rest der Welt reden. Deutschlands Probleme sind dieselben, vor denen ganz Europa steht, weil sie Konsequenzen einer globalisierten Wirtschaft sind. Amerika könnte sich glücklich schätzen, wenn es nur solche Probleme hätte! Es wäre schon sehr überraschend, wenn Deutschland sich wieder für Provinzialität entscheiden würde.«

Als einer der Prüfsteine für Deutschlands Verhalten gegenüber den anderen gilt im Ausland das Verhältnis zur Türkei, genauer: die mögliche Mitgliedschaft der Türkei in der EU. Benhabib, die in Istanbul aufgewachsen ist, bevor sie Professuren in Harvard und Yale antrat, hält die europäische Debatte über die Türkei für »empörend«.

> Die Türkei ist zum Blitzableiter für eine häßliche, unbewußte Zivilisationsabrechnung und für unverdaute Gefühle dem Islam gegenüber geworden. Die Kritik an den Menschenrechtsverletzungen oder dem Umgang mit der Ermordung der Armenier ist natürlich richtig, aber der Ton ist falsch. So viel Gehässigkeit hat mich frappiert.

Sie verweist darauf, daß die Türkei bereits seit dem 1963 abgeschlossenen Assoziierungsabkommen mit der EWG, das die Einwanderung einer großen Anzahl Gastarbeiter nach Europa ermöglichte, eine besondere Partnerschaft mit der EU hatte. »Was könnte die von der CDU favorisierte privilegierte Partnerschaft erreichen, was bislang noch nicht erreicht wurde?« Für Benhabib sind die in den Beitrittsverhandlungen geforderten Veränderungen weitreichend und bedeutsam, haben sie doch unter anderem zu Reformen des türkischen Justizsystems und der politischen Kultur beigetragen. »Sollte die EU nicht auf die konkreten Schritte der Türkei reagieren, wird ihre Glaubwürdigkeit großen Schaden nehmen. Der übrigen Welt wird es dann schwerfallen, die EU ernst zu nehmen.«
Tony Judt stimmt dem zu und geht mit seiner Warnung noch weiter.

> Niemand zweifelt an der Komplexität der Beitrittsfrage, aber die Unterschiede zwischen den Positionen von CDU und SPD sind von äußerster Bedeutung für das Bild Europas, das man sich an dessen Grenze macht. Die SPD geht von dem

> Standpunkt aus, daß Europa prinzipiell für seine Nachbarn offen ist, während die CDU dies für eine Katastrophe hält. Für andere Grenzländer – Serbien und die Ukraine eingeschlossen – bedeutet das, Europa würde den Einfluß einbüßen, den es gewonnen hat, indem es offener, toleranter und rechtsstaatlicher als seine undemokratischen Nachbarn ist. Heraus käme dabei eine entsetzliche Bestätigung des Bildes von der Festung Europa, ohne daß damit tatsächlich etwas zu erreichen wäre.

Judt glaubt, die Ablehnung eines türkischen EU-Beitritts würde enorme weltpolitische Konsequenzen haben, und er denkt dabei nicht allein daran, daß eine solche Ablehnung antiwestliche Tendenzen in der islamischen Welt bestärken könnte. Für ihn geht es dabei vor allem um die Kontrolle des Bosporus. Im Vertrag von Montreux 1935 erkannten die Großmächte die türkische Kontrolle über ihre international bedeutende Wasserstraße an, was unter anderem heißt, daß keine Kriegsschiffe den Bosporus passieren können. Die amerikanische Regierung übt Druck auf Ankara aus, den Vertrag zu verändern, da sie ihre 6. Flotte in der Nähe von Rumänien und Bulgarien stationieren möchte. »Wenn aber amerikanische Kriegsschiffe das Recht erhalten, den Bosporus zu passieren, wird Moskau dasselbe Vorrecht für russische Kriegsschiffe verlangen«, so seine Befürchtung. »Die Türkei wäre dann gezwungen, beiden das Recht zu verweigern, und geriete in die Isolation oder müßte sich wieder stärker als seit vielen

Jahrzehnten Rußland annähern. In der Türkei spricht man von einem Bündnis mit Rußland als Plan B. Das Ergebnis wäre eine radikale Abkehr vom Westen: Das einzige Modell einer demokratischen islamischen Gesellschaft würde dann Zuflucht bei einer autoritären Gesellschaft suchen.« Aus dem Munde hochrangiger türkischer Diplomaten hörte Judt, daß eine strikte Ablehnung der Türkei durch die CDU sowohl den amerikanischen als auch den russischen Einfluß auf die Türkei verstärken würde, da in der Türkei der Eindruck entstehen könnte, nur die beiden Großmächte seien an einem Bündnis interessiert.

Das Resümee von Judt:

> Es ist international unverantwortlich, wenn die CDU sagt, Europas größtes Land würde niemals eine Mitgliedschaft der Türkei akzeptieren, nur um daheim ein paar Stimmen mehr zu bekommen. Es wäre nicht einmal im wohlverstandenen Eigeninteresse Deutschlands. Man denke nur an Condoleezza Rices Drohung, Frankreich zu bestrafen und Deutschland zu übergehen wegen deren Haltung im Irak-Krieg. Diese Anti-Türkei-Einstellung würde der Regierung Bush einen weiteren Grund liefern, Deutschland zu übergehen.

Für Benhabib impliziert die Aufnahme der Türkei in die EU auch eine philosophische Frage nach dem Verhältnis von Kulturen und Institutionen.

> Die Vorstellung, man könne trotz aller kulturellen Unterschiede eine Reihe von Institutionen und Praktiken verallgemeinern, gehört zu den Versprechen der Aufklärung – und genau diese Idee liegt der EU zugrunde. Wenn die EU die Türkei ablehnt, wird sie sich selbst das Wasser abgraben.

Avishai Margalit, der im Herzen von Jerusalem lebt, meint dazu:

> Ob ein Beitritt zur EU gut oder schlecht für die Türkei, gut oder schlecht für Europa wäre, weiß ich nicht. Eins aber weiß ich: Wenn man die Türkei ablehnt, nachdem sie versucht hat, die europäischen Standards zu erfüllen, wäre das ein Desaster. Erdogans Islam würde in den Islam bin Ladens abrutschen, und dann wäre ich froh, daß ich nicht in Europa lebe.

Welche Normalität?

Fremde sind sich also durchaus bewußt, daß in der Bundesrepublik gegenwärtig nicht die langersehnte Normalität existiert. Sie erleben dennoch eine Nation, die diesem Ziel nähergekommen ist, als man sich vor zwanzig Jahren hätte vorstellen können. Ein Bereich, in dem Normalität noch keineswegs herrscht, sind die Diskussionen über die Arbeitslosigkeit. Keine Frage: Arbeitslosigkeit ist hart – und seit den als »Hartz IV« firmierenden Kürzungen des Arbeitslosengelds bitter. Diejenigen, die nicht vergessen haben, was es heißt, sich kein Buch, keine Kinokarte kaufen zu können, weil das Geld gerade für Kinderkleidung reicht, werden die Not nicht verharmlosen. Dennoch fällt auf: Die Arbeitslosigkeit ist in Deutschland nicht nur ein Problem, sondern ein Schreckgespenst.

In keinem anderen Land steht die Arbeitslosigkeit derart im Mittelpunkt der Politik. »Ein Vergleich mit Frankreich liegt nahe«, sagt Galison. »Die Arbeitslosigkeit ist dort ähnlich hoch, aber der Ärger nimmt andere Formen an. Die Leute sind wütend auf die Regierung, aber das Thema Arbeitslosigkeit ist nicht so emotionsgeladen. In Deutschland sind Arbeit und Identität enger miteinander verknüpft, weshalb Arbeitslosigkeit eine stärker existentielle Bedrohung ist. Das heißt, man sollte mehr über den Stellenwert der Arbeitslosigkeit im kollektiven Unbewußten nachdenken.« Nach Yehuda Elkana, dem Präsidenten der Central European University in Budapest, resultiert ein Großteil der Wut über die hohe Arbeitslosigkeit aus der Meinung, ein zentrales Versprechen der unmittelbaren Nachkriegszeit sei damit gebrochen worden. »Nach '45 erhielten sie eine ganz einfache Botschaft: Ändert euch, werdet demokratisch, und ihr werdet reich. Jetzt stellt sich heraus, daß die Sache nicht ganz so einfach ist.«

Hinzu kommt: Die Überzeugung, die Arbeitslosigkeit habe zum Sieg der Nazis und damit zum Ende der Weimarer Republik und in den Zweiten Weltkrieg geführt, ist allgegenwärtig. Von hier aus ist es nur noch ein kleiner Schritt zu der Annahme, die damalige hohe Arbeitslosigkeit sei die *Ursache* für die Machtergreifung der Nazis gewesen. Diese Annahme setzt voraus, wie Hannah Arendt formulierte, es existiere »ein ungeschriebenes Gesetz, daß jeder im Angesicht einer Katastrophe seine Würde verliert«. Ein solcher Erklärungsversuch kann zudem die Frage nicht beantworten, warum »Arbeitslosigkeit in Amerika den *New Deal* und in Deutschland die Konzentrationslager hervorbrachte«. Joschka Fischer stellte sie 2005 auf einer Hannah Arendt gewidmeten Podiumsdiskussion, und man hätte sich gewünscht, die Regierung hätte sie früher gestellt, denn das hätte verhindern können, den Erfolg der Politik vollständig mit der Entwicklung der Arbeitslosenzahlen zu verknüpfen. Schröders Erklärung von 1998, eine Regierung, die die Arbeitslosigkeit nicht senkt, habe ihr Recht auf Wiederwahl verwirkt, war nicht nur unklug, sondern unverständlich. Eine Regierung ist stets unter verschiedenen Gesichtspunkten zu beurteilen, auch wenn die wirtschaftliche Situation der Bürger ein zentraler ist. Die Fixierung auf die Arbeitslosigkeit verrät Hysterie – vor allem bei denjenigen, die nicht davon betroffen sind. Daß Hartz-IV-Empfänger wütend sind, weil ihre Lage sich verschlechtert hat, wird man verstehen. Daß wohlhabende Bürger gleichermaßen empört sind – sofern die Empörung echt ist und nicht bloß bestimmten Zwecken dient –, hat andere Gründe. Sicher steckt eine große Portion Angst um das eigene Wohlergehen dahinter: In Deutschland herrscht ein ungewöhnlich starkes Bedürfnis, vor allen möglichen Fährnissen des Lebens geschützt zu sein. Elkana hält dies für ein Zeichen, daß Deutschland nie »eine wirklich kapitalistische Gesellschaft gewesen ist. Die Anspruchsmentalität gehört eigentlich in eine sozialistische Kultur.« Zu der Angst vor der eigenen, eher unwahrscheinlichen Arbeitslosigkeit tritt die vor der Arbeitslosigkeit des Nachbarn – und davor, was aus ihm werden könnte, wenn er in Not gerät.

Benhabib teilt die Auffassung, wonach die Arbeitslosigkeit im Zentrum der deutschen Politik steht. »Die Ängste des Zweiten Weltkrieges und die vor neuen Kriegen haben den Deutschen das tiefe Gefühl eingepflanzt, daß ihre Gesellschaft äußerst fragil ist. Arbeitslosigkeit ist daher nicht nur ein technisches Problem, das man lösen muß, es steht dabei der soziale Zusammenhang auf dem Spiel.« »Die meisten kosmopolitischen Deutschen haben eine unausgesprochene Angst vor den Dämonen des deutschen Kollektivs«, ergänzt der Politologe Yaron Ezrachi, Professor an der Hebräischen Universität in Jerusalem. »Sie sind sich noch nicht sicher, ob die demokratischen Institutionen wirklich tiefe Wurzeln geschlagen haben. Deshalb fürchten sie, die Dämonen könnten unter bestimmten Umständen entfesselt werden und Deutschland in eine monströse Richtung drängen.«

Wir brauchen dringend eine entdämonisierte Diskussion der Arbeitslosigkeit. Dabei kann es nicht darum gehen, die hohe Arbeitslosigkeit zu ignorieren. Vielmehr kommt es darauf an, sie als Problem und nicht als Spuk zu behandeln. Eine solche Diskussion könnte zeigen, daß die globalisierte Arbeitswelt in einer Krise unvorhergesehenen Ausmaßes steckt, die letztlich nur global zu lösen ist. Eine sachliche und problemlösungsorientierte Betrachtung des Problems müßte hervorheben, daß die bisherigen Diskussionen nicht von bewußten, sondern von unbewußten Ängsten bestimmt waren. Selbst wenn wie anderswo arbeitslose Jugendliche zu Fremdenfeindlichkeit tendieren, wird die Arbeitslosigkeit keineswegs einem Wiederaufleben der Nazis den Boden bereiten. Die Angst davor aber führt zu Schlagzeilen, in denen die Boulevardpresse jeden Anstieg der Arbeitslosenzahl gleich mit weimarischen Dimensionen sieht.

Denn bei allen Klagen über hohe Arbeitslosigkeit und Schlechterstellungen im Gefolge von Hartz IV sollte nicht übersehen werden, welche anderen Ängste den Deutschen erspart bleiben. Um es an einigen Beispielen zu verdeutlichen:

Kürzlich wurde vorgeschlagen, einen Teil der Krankheitstage gegen Urlaubstage zu verrechnen. Dieser Vorschlag des Zentralverbands des Deutschen Handwerks wurde vehement und parteiübergreifend zurückgewiesen. Für Eichel war er unsinnig, für Müntefering dreist, für Merkel kam er nicht in Frage, und selbst Westerwelle betonte: »Urlaub ist Urlaub, und Krankheit ist Krankheit.« Diese Einsicht mag sich in Zukunft überall durchsetzen. Aber diejenigen, die auf die Idee mit Empörung reagiert haben, scheinen vergessen zu haben, daß eine garantierte Lohnfortzahlung bei Krankheit eine europäische Besonderheit ist. In Ländern wie den USA oder Indien wäre man heilfroh, wenn man bei Krankheit oder bei einem Unfall weiterhin sein Gehalt bezöge. In den USA gibt es zum Beispiel eine begrenzte Anzahl von »Krankheitstagen« – für gewöhnlich etwa fünf –, die bei Bedarf gegen die ohnehin wenigen Urlaubstage zu verrechnen sind. (Das gilt wohlgemerkt für die bessergestellten Arbeitnehmer. Bei derartigen Regelungen handelt es sich um Vergünstigungen (*benefits*) – wie auch eine Krankenversicherung oder Rentenansprüche Privilegien, keine Rechte sind. Viele haben nicht einmal das.) Wer länger krank ist, hat eben Pech. Kann seine Familie nicht für ihn bzw. für sich selbst aufkommen, bleibt nur noch die Sammelbüchse in der Kirche.

Oder man nehme die deutsche Familienpolitik, die zu Recht wegen der fallenden Geburtenrate auf den Prüfstand gekommen ist. Es gibt viele Möglichkeiten, Eltern und Kindern das Leben zu erleichtern, und sie sind es sicherlich wert, eingehender erörtert zu werden, als es hier geschehen kann. Eine jede derartige Diskussion sollte jedoch Vergleiche anstellen. In den USA gibt es beispielsweise keine der familienfreundlichen Einrichtungen, die für europäische Eltern eine Selbstverständlichkeit sind. Es fehlt selbst ein Kündigungsschutz für Mütter in der Zeit kurz vor und nach der Geburt. Vor zwei Jahren sprach ich in Connecticut mit einer jungen Schwangeren, die ein Kleinkind auf dem Arm und ein älteres Kind an der Hand hatte. Sie war die Geschäftsführerin einer umtriebigen Bildungseinrichtung, und da ich wußte, wie dürftig die amerikanischen Leistungen auf diesem Gebiet sind, fragte ich sie, was sie tun werde, wenn das nächste Kind kommen werde. »Offiziell stehen mir fünf Tage Mutterschaftsurlaub zu«, seufzte sie. »Aber ich habe Glück, mein Chef erlaubt mir, die ersten sechs Wochen halbtags zu arbeiten.« Sie war ihm aufrichtig dankbar. Zurück in Berlin, wollte ich die Geschichte in einen Artikel über die politische Kultur Amerikas aufnehmen. Die Redakteurin des *Tagesspiegel* hielt die Zeitangabe beim Mutterschaftsurlaub für einen Tippfehler. Ich hätte doch sicherlich »sechs Monate« statt »sechs Wochen« schreiben wollen. Nein, nein, das habe schon seine Richtigkeit. Daraufhin strich die Redakteurin das Beispiel, da europäische Leser es für unglaubwürdig halten würden.

Man verstehe diese Bemerkung nicht falsch: Nicht einer Anpassung an die Verhältnisse in den USA oder der Dritten Welt wird hier das Wort geredet. Nur sollte man endlich die Vorzüge des deutschen Sozialstaats begreifen. Man kann nur verteidigen, was man richtig gewürdigt hat. Wie schwer das selbstverständlich Vorhandene zu würdigen ist, wurde mir neulich klar, als ich ein Loblied auf die Lebensqualität Berlins anstimmen mußte. Meine 14jährigen Zwillingstöchter wollten den Abschluß des Schuljahres mit dem Besuch eines Rockkonzerts feiern; anschließend wollten sie mehrere Freunde bei sich übernachten lassen. Als ich zustimmte, fiel mir die Frage ein, ob die Gruppe nicht in der Pizzeria an der Ecke essen könnte, statt um zwei Uhr morgens in der Küche herumzuwuseln? Erst am nächsten Tag wußte ich mein Glück zu schätzen. In welchem anderen Land hätten Jugendliche ungefährdet öffentliche Verkehrsmittel benutzen können? Hätte ich dort nicht jede Minute bis zu ihrer Rückkehr gebangt? So aber dachte ich eher daran, daß ich ausgeschlafen zu einem frühen Termin erscheinen mußte, und spendierte zur Feier des Tages Pizza. Nur Eltern, deren Kinder Zeit im Ausland verbracht haben, werden solche sorgenfreien Abende zu schätzen wissen.

Das Geläufige fällt uns nicht mehr auf, selbst wenn wir wissen, wie anders es sein könnte.

Der Fall Irak

Die Tatsache, daß Ausländer vor allem die Außenpolitik eines Landes beobachten, ist eine Selbstverständlichkeit. Todd Gitlin faßt die Haltung der linken Intellektuellen in Amerika zusammen:

> Wir halten der Regierung von Schröder und Fischer eine gewisse, höchst lobenswerte Normalisierung zugute. Nachdem Genscher sich so schmählich vor der deutschen Verantwortung für das verhängnisvolle Auseinanderfallen Jugoslawiens gedrückt hatte, beteiligte Schröders Deutschland sich an der Friedensmission im Kosovo und in Montenegro. Wir wissen, daß Fischer sehr sensibel mit Israel-Palästina und dem Irak umgeht. Die Außenpolitik der Regierung Schröder kommt uns wie eine erwachsene Auseinandersetzung mit den Weltproblemen vor. Und dort, wo wir leben, ist ›erwachsen‹ ein wunderbares Adjektiv.

Fischers Engagement im Nahen Osten löst vor allem bei Israelis Begeisterung aus, auch bei solchen, die für gewöhnlich zurückhaltende, ja ironische Töne anschlagen. Der israelische Politologe Yaron Ezrachi versucht das zu erklären.

> Joschka Fischer hat etwas getan, was Außenministern selten gelingt, nämlich sowohl für Israel als

auch für Palästina zu sprechen und gleichzeitig sein Mitgefühl auszudrücken – und das wirkt Wunder im Nahen Osten. Beide, Israelis wie Palästinenser, sind sehr emotional. Auf bloß zweckgerichtete Überlegungen springen sie nicht an. Fischers warmherzige Unterstützung für so etwas wie das Projekt Barenboims ist deshalb ungeheuer wichtig.

Barenboim, erläutert Ezrachi, bringt junge arabische und israelische Musiker in einem Orchester zusammen. Nicht um den Konflikt zu verdrängen, sondern »um durch die ungeheure Gewalt der Musik eine gemeinsame Sprache zu schaffen. Dadurch, daß Fischer Derartiges unterstützt, ist er der einzige bedeutende Diplomat, der sich die Israelis trotz seiner guten Kontakte zu den Palästinensern nicht vergrault hat. Vielleicht ist ja auch sein Name nicht ganz unwichtig«, sagt Ezrachi lachend. »*Joschka* klingt ein bißchen wie ein russischer Jude. Aber im Ernst, es wäre sehr traurig, wenn einer dieser berüchtigten kühlen Berufsdiplomaten an seine Stelle träte.«
Schröders schnelle und großzügige Hilfe für die Tsunami-Opfer fand Beachtung und Nachahmung. Von seiner Ranch in Texas aus hatte Bush zunächst 15 Millionen Dollar zugesagt. Als Amerikaner anmerkten, daß dieser Betrag jeden Morgen bereits vor dem Frühstück im Irak ausgegeben worden sei, während Schröder eigens seinen Urlaub unterbrochen habe, um 500 Millionen Dollar zuzusagen, folgte Bush dem deutschen Beispiel und erhöhte die amerikanische Hilfe auf 600 Mil-

lionen Dollar (daraufhin legte Deutschland noch einmal 50 Millionen Dollar nach).

Obgleich all diese Entscheidungen von Deutschlandbeobachtern bemerkt und im allgemeinen gelobt wurden, wurde nichts so genau unter die Lupe genommen wie Deutschlands Haltung zum Irak. Aufgrund dieser Haltung sah man in Deutschland den führenden Kriegsgegner. Zwar lehnte auch Frankreich den Krieg ab, doch Chiracs Beweggründe wurden anders bewertet. Sander Gilman hält sie für einen automatischen Reflex des traditionellen französischen Antiamerikanismus. »Schlügen die Amerikaner vor, eine Brücke über den Atlantik zu bauen, würde Frankreich sich querstellen, nur weil der Vorschlag aus Washington käme. Für die Franzosen war die Ablehnung des Irak-Krieges daher ein normales Verhalten, aber für Schröder war es eine moralische Entscheidung.« Yehuda Elkana meint, die französische Position sei »dumm und legalistisch. Die Franzosen widersetzen sich jeder Verletzung der nationalen Souveränität. Deshalb hielten sie die Absetzung von Milošević für falsch und fanden es danach auch unklug, Saddam zu stürzen. Schröders Position war da sehr viel komplexer. Natürlich hat er sie geschickt eingesetzt, aber er war auch aufrichtig davon überzeugt.«

Auch die Türkei war gegen den Krieg. Die türkische Weigerung, den US-Truppen einen Aufmarsch auf ihrem Territorium zu erlauben, erfolgte trotz des unverhohlenen, enormen Drucks der amerikanischen Regierung. Sie bot 26 Milliarden Dollar für die Aufmarsch-Erlaubnis. Die türkische Regierung stimmte zu, doch das Parlament lehnte zum Erstaunen vieler das Angebot ab und stellte damit die Integrität jener Art islamischer Demokratie unter Beweis, die die USA angeblich fördern. Einige Monate später besuchte Colin Powell die Türkei und bot eine kleinere Summe für das Recht, die amerikanischen Truppen im Nordirak von der Türkei aus mit Lebensmitteln und Arzneimitteln sowie Treibstoff zu versorgen. Weil eine Zustimmung des Parlaments nicht nötig war, kam der Handel zustande. Da Jordanien, Saudi-Arabien und die Vereinigten Emirate den Krieg unterstützten, läßt sich der türkische Widerstand nicht mit der muslimischen Prägung des Landes erklären. Die türkische Weigerung wurde jedoch heruntergespielt, während diejenige Deutschlands im öffentlichen Gedächtnis haftenblieb.

»Wenn ich nach Spanien, Italien oder Skandinavien fahre, ist jeder, den ich treffe, von Schröders Haltung zum Krieg beeindruckt«, sagt Judt. »Sie sind beeindruckt, weil es für einen deutschen Kanzler nicht einfach war, in einer internationalen moralischen Frage einen Konflikt zu riskieren. Daß man mit Uncle Sam brach, ist ein Zeichen dafür, daß Deutschland erwachsen geworden ist.« Judt fügt ungeduldig hinzu:

> Wahlkampfmotive, wenn ich das schon höre! Jeder Politiker hat Wahlkampfmotive. Das war die größte, mutigste und populärste Entscheidung eines deutschen Kanzlers in den letzten Jahrzehnten, und daß die Deutschen es kleinreden, ist schon eigenartig. Zum ersten Mal hat eine große Zahl amerikanischer Juden begrüßt, was Deutschland tat. Es hat das Deutschlandbild in der ganzen Welt

verändert. Plötzlich bekam man den Eindruck, daß nicht nur Washington für den Westen spricht.

In den Wochen vor dem Krieg berichtete der *Stern* über ähnliche Reaktionen in den Vereinten Nationen.

> Wann immer Deutschlands UN-Botschafter Günter Pleuger in den vergangenen Wochen über die Flure der Vereinten Nationen ging, klopften ihm andere Diplomaten auf die Schulter und sagten: »Haltet durch.« 70000 E-mails aus aller Welt sind inzwischen bei Pleuger eingetroffen. »Wir danken für die standhafte Haltung«, schrieb ein Inder. »Wir bitten Sie, der militärischen Intervention im Irak auch weiter nicht zuzustimmen«, ein Spanier. Monatelang mußte Pleuger in amerikanischen Medien lesen, daß die Deutschen »Feiglinge« seien, ein »hoffnungsloser Fall«. Bei den Vereinten Nationen waren sie Helden und standen für die Skepsis der gesamten Welt gegenüber Amerika und seinen dubiosen Methoden. (*Stern*, 12. März 2003)

Solche zustimmenden Äußerungen fehlten auffälligerweise in Deutschland selbst. Tatsächlich wunderte auch ich mich über die Behauptung, Schröders *Nein* sei ein Wahlkampftrick gewesen, denn die meisten Deutschen, mit denen ich damals sprach, kritisierten seine Entscheidung derart heftig, daß es den Anschein haben mußte, als brächte Schröders Haltung ihm mehr Gegner als Freunde ein. In Deutschland drehte sich die Debatte um zwei Fragen: zum einen um die Motive Schröders und zum anderen um die Beziehung Deutschlands zu Amerika.

In Deutschland erlangte die Meinung, Schröder habe sich dem Krieg mit Blick auf die bevorstehenden Wahlen 2002 widersetzt, den Rang einer unanfechtbaren Wahrheit. Man sollte daran erinnern, daß Schröder in den Umfrageergebnissen schon Wochen vorher besser abgeschnitten hatte, als er nämlich im August 2002 auf die Flutkatastrophe wie ein Bundeskanzler reagierte, während Stoiber wie ein hilfloser Oberlehrer wirkte. Doch hierzulande sind moralische Erwägungen verpönt, und die Meinungsmacher waren sich allesamt einig, das Motiv von Schröders Haltung sei schieres Kalkül gewesen, nicht ein hehres Prinzip. So haben es auch die amerikanischen Befürworter des Krieges gesehen. Die rechte *Washington Times* brachte eine abgeschwächte Version dieser Ansicht:

> In dem verzweifelten Kampf um den Wahlsieg in seinem heimatlichen Bundesland [am 2. Februar 2003] hoffte er [Schröder], das Wunder der Bundestagswahl im September 2002 noch einmal zu wiederholen und die Kontrolle über den Bundesrat (und damit vielleicht seine politische Zukunft) dadurch zu sichern, daß er noch einmal die pazifistische, antiamerikanische Karte ausspielte. (27. Januar 2003)

Rabiatere Angriffe führten Fischers linksradikale Vergangenheit ins Feld, und ein ehemaliger rumänischer Spion versuchte sogar, zwischen einer der Gruppen, mit denen Fischer damals in Frankfurt zusammenarbeitete, und der Sowjetunion eine Verbindung herzustellen. Zum ersten Mal nach zehn Jahren wurde wieder richtig in die rhetorische Mottenkiste des Kalten Krieges gegriffen, Deutschland wurde zum »sozialistischen Deutschland«. Das *Wall Street Journal* erwähnte ganz nebenbei »Deutschlands stark sozialistische Politik«. Zur selben Zeit hielt man keine Anspielung für unterhalb der Gürtellinie: Die *Washington Times* bezeichnete die gemeinsame deutsch-französische Linie im Irakkrieg als Teil einer alten Freundschaft, die bis Vichy zurückreiche, und ging mit ihren historischen Parallelen sogar noch einen Schritt weiter. »Schröders Entscheidung, Amerika zum Vorteil seiner deutschen Innenpolitik zu dämonisieren, läuft Gefahr, deutschen Politikern wieder sehr schlechte Gewohnheiten beizubringen«. Fox TV nannte die Deutschen »äußerst gemein und niederträchtig«, und die *New York Post* beschimpfte sie als Wiesel – Tiere, die alles Hinterhältige symbolisieren.

Doch im großen und ganzen glaubten Amerikas Befürworter des Krieges, man könne jeden Widerstand gegen den Krieg hinreichend mit nationalen Egoismen erklären, und in Artikeln mit Überschriften wie z. B. *Europas närrische Zyniker* hieß es, jede Opposition gegen den Krieg sei »aus innenpolitische Gründen zynisch von Frankreich und Deutschland manipuliert worden, und viele amerikanische Nachrichtensendungen berichteten leichtgläubig so darüber, als handele es sich um ernsthafte Überlegungen« (*Washington Times*, 27. Januar 2003). – Den Gedanken, Bush selbst könnte den Krieg benutzen, um von seinem eigenen innenpolitischen Versagen abzulenken, das in seinen ersten beiden Amtsjahren von den meisten Amerikanern für das größte in der amerikanischen Geschichte gehalten wurde, wagten nach dem 11. September 2001 nur die mutigsten Zeitungen auszusprechen.

Es ist bemerkenswert, daß die Deutschen, wie immer sie zum Krieg standen – und die meisten waren gegen ihn –, sich mit dessen neokonservativen Verteidigern darin einig waren, daß man Schröders Motive nur als zynische verstehen könnte.

Als ich im Herbst 2002 durch die USA reiste, hörte ich zum ersten Mal in meinem Leben, daß Amerikaner Fragen zur deutschen Politik stellten. Normalerweise erreichen Nachrichten über Deutschland sie nur in Form von Berichten über ein Aufflackern des Rechtsradikalismus, die *New York Times* druckt durchschnittlich jeden Tag zwei Hinweise auf den Holocaust. Zum ersten Mal wurde Deutschland nun in der Öffentlichkeit mit etwas anderem assoziiert, und die Assoziationen waren ausgesprochen positiv – nicht nur bei Professoren und anderen Intellektuellen, mit denen ich am häufigsten sprach, sondern auch bei einer ehemaligen Staatssekretärin der Luftwaffe in Washington, einem Bauunternehmer in Baltimore, einem Dachdecker in Boston und einer Gruppe afroamerikanischer Arbeiter, mit denen ich diskutierte, während wir in Chicago mehr als eine Stunde auf einen Zug warteten. Sie baten mich rührenderweise, Schröder ihren Dank zu übermitteln, denn sie alle hofften, Europa könne den amerikanischen Widerstand gegen einen drohenden Krieg stärken, den viele schon damals für falsch hielten. Richard Rorty bringt ihre Ansichten auf den Punkt:

> Wer von uns in Amerika Präsident Bush mißtraute und gegen einen Krieg mit dem Irak protestierte, fühlte sich durch die von Bundeskanzler Schröder und Außenminister Fischer eingenommene Haltung ungeheuer ermutigt. Ihre Antwort auf Bush brauchte Mut. Schröders und Chiracs Weigerung, mit Blair und Berlusconi an einem Strick zu ziehen, ließ uns die EU in einem neuen Licht sehen. In uns reifte der Gedanke, daß sie eines Tages ein gewichtiges Wort in der Welt mitzureden hätte. Als die Bevölkerung in Großbritannien und Italien immer deutlicher artikulierte, daß sie die Zusammenarbeit ihrer Regierungschefs mit Bush ablehnte, hofften wir, die Staaten der EU würden das nächste Mal mit einer Stimme Europas Unabhängigkeit von der amerikanischen Außenpolitik bekräftigen. Aber die CDU scheint der Auffassung zu sein, Washingtons Wünsche seien, wie immer sie auch aussehen, zu erfüllen. Sollte die CDU die Wahlen gewinnen, wird Washington erneut versucht sein, Europas automatische Zustimmung zu allem, was Amerika tut, für selbstverständlich zu halten.

Im Unterschied dazu ist Avineri der Meinung, Schröders Pazifismus sei, wenngleich gerechtfertigt, von ihm opportunistisch eingesetzt worden. Aber viele andere widersprechen ihm. »Europas Widerstand gegen den Krieg im Irak hatte heroische und nichtheroische Elemente«, erklärt Seyla Benhabib. »Fragwürdig war vor allem die Haltung der Franzosen. Schröder und Fischer hingegen haben begriffen, was die Regierung Bush beabsichtigte. Sie erkannten, daß es wichtig ist, den USA nicht ganz den Rücken zu kehren. Die USA brauchen Freunde, um sich freundliche Kritik anzuhören.« Sie ist überzeugt davon, daß der Irakkrieg nur ein Teil des Gesamtkonzepts der Regierung Bush ist, die Vormachtstellung der USA ohne Rücksicht auf internationale Vereinbarungen auszubauen: »Diese Regierung glaubt nicht wirklich, daß internationales Recht von Belang ist oder daß die Souveränität der USA in irgendeiner Weise eingeschränkt werden sollte.«

In seinem Buch *At the Point of a Gun: Democratic Dreams and Armed Interventions* äußert der Menschenrechtsexperte David Rieff die Befürchtung, daß »die Vereinten Nationen Gefahr laufen, de facto ein Kolonialamt der US-Macht zu werden«. Als die Debatten in der UNO über den Beschluß für den Irakkrieg immer hitziger wurden, war gerade der hartnäckige Widerstand kleiner Länder gegen die USA erstaunlich. Denn viele erinnerten sich noch an die Reaktion der USA auf die Weigerung des Jemen im Jahr 1990, im Sicherheitsrat für den Ersten Golfkrieg zu stimmen. Daraufhin erklärte ein amerikanischer Diplomat: »Das war das teuerste Nein, das ihr euch je geleistet habt.« Drei Tage später wurde die amerikanische Entwicklungshilfe für den Jemen eingestellt. Dem Institute for Policy Studies in Washington zufolge waren die Mittel, die in Anbahnung des zweiten Golfkriegs angewendet wurden, noch zynischer – diesmal hatte man ja keine so gute Legitimation wie Saddams Einmarsch in Kuwait. »Wir haben Beweise für Zwang, Einschüchterung und Handlungen, die Bestechungen gleichkommen.« Nicht nur die Türkei widerstand den Bestechungen und Schmeicheleien, auch Mexiko, Angola und Kamerun knickten nicht vor dem enormen Druck der USA ein. Die USA legten nicht einmal Wert darauf, den Schein zu wahren, und arbeiteten ganz offen mit Zuckerbrot und Peitsche.

Der Bericht des Institute for Policy Studies betont, daß selbst in den Ländern, wo dies die gewünschte Wirkung zeigte, die Bevölkerung den Krieg mehrheitlich ablehnte. Doch selbst die Länder, deren Regierungen den Krieg befürworteten, »repräsentieren kaum ein Zehntel der Weltbevölkerung. Weitaus beeindruckender ist die Liste der Nationen, die sich der Einschüchterungstaktik der USA widersetzt haben und sowohl gegen diesen Krieg zu diesem Zeitpunkt als auch gegen die weitergehende US-Doktrin eines präventiven Krieges opponiert haben« (Anderson, Bennis, Cavanagh, *Coalition of the Willing or Coalition of the Coerced?* IPS, 2003).

2003 erklärte Zbigniew Brzezinski, ehemaliger Sicherheitsberater des Präsidenten Jimmy Carter, der später die Präsidentschaftskandidatur von Bush sen. unterstützte und Vorsitzender in dessen nationalem Sicherheitsausschuß wurde, die USA würden »ihre internationale Glaubwürdigkeit verlieren und zunehmend in eine internationale Isolation geraten«. Man spüre Veränderungen, »wenn man mit ausländischen Freunden spricht, die Amerika lieben, die schätzen, was uns wichtig ist, die aber unsere Politik nicht verstehen, über unsere Handlungen beunruhigt sind und verdutzt darüber,

was sie entweder für Demagogie oder Verlogenheit halten« (*New American Strategies for Security and Peace*, 28. Oktober 2003).
Diese Politik und Praktiken der Regierung Bush erklären, warum seine nichtdeutschen Gegner nicht den von vielen Deutschen erhobenen Einwand aufgriffen, Schröder hätte eine Teilnahme am Irakkrieg nicht vor dem Beschluß des Sicherheitsrates ablehnen sollen. Außerhalb Deutschlands hatte man den Eindruck, Schröder habe illusionslos die Entschlossenheit der Regierung Bush erkannt, den Krieg unter allen Umständen zu führen und die Verbündeten entweder durch Bestechung oder durch Drohungen auf ihre Seite zu bringen. Vor dem Ausbruch des Krieges kreiste die Diskussion in Deutschland jedoch um eine ganz andere Frage: In welcher Beziehung steht Deutschland zu Amerika? Meinungsumfragen hatten gezeigt, daß die meisten Deutschen gegen den Krieg waren, folglich sollten sie ihrem Kanzler im Prinzip für seine Ablehnung dankbar sein, gleichgültig, welches dessen Motive gewesen seien. Dennoch standen folgende Probleme im Vordergrund: Ist die Bundesrepublik reif dafür, sich von ihrem großen Bruder Amerika zu trennen, und waren die Schritte, die sie dazu gerade unternommen hatte, nun Ausdruck lang unterdrückter antiamerikanischer Ressentiments? Manchmal verschob sich der Akzent von der Psychologie auf die Politik: Würden andere Länder dem Beispiel Deutschlands folgen und die Konsequenzen der Ablehnungen tragen, nun, da die Welt von der einzig verbleibenden Supermacht beherrscht werde?

Die Deutschen, die Schröders Position ablehnten, betonten den Wert der Loyalität: Da Amerika das Land von den Nazis befreit und vor den Sowjets geschützt habe, wäre jede Weigerung, sich an seine Seite zu stellen, wenn es gewünscht wird, krasseste Undankbarkeit. Indigniert brachte ein adliger FDP-Anhänger mir gegenüber seine Loyalität nicht nur als Vasallentreue zum Ausdruck, sondern als Familienanhänglichkeit: Wo George Vater soviel für die Wiedervereinigung getan habe, wie könne man da eine Bitte von George Sohn ablehnen?

Andere brachten realpolitische Erwägungen vor: Deutschlands Bündnis mit Amerika sei einfach wichtiger als das mit Frankreich. Wolfgang Schäuble sprach es unumwunden aus: »Wenn die Amerikaner die überlegene Weltmacht sind, ist es besser, an ihrer Seite zu stehen. Das liegt im deutschen Interesse.« (*Die Zeit*, 27. Februar 2003)

Als Angela Merkel zum Gespräch mit Cheney und Rumsfeld nach Washington flog, versicherte sie ihnen in den Titelworten ihres Artikels in der *Washington Post*, daß »Schröder nicht für alle Deutschen spricht«, und sie begründete ihre Haltung mit der Geschichte der deutsch-amerikanischen Beziehungen. Als sie erklärte, als ehemalige Bürgerin der DDR sei auch sie Teil des neuen Europa, spielte sie erneut den Gegensatz von '68 und '89 aus, der sie prägt – als handele es sich hierbei um einander ausschließende Paradigmen. In ihren Gesprächen in Washington, so berichtet *Die Welt*, betonte sie ihr osteuropäische Herkunft und »griff das Rumsfeld-Bild vom ›neuen Europa‹ auf.«

> Sie könne Polen und Rumänen und andere Osteuropäer besser verstehen als ein Westdeutscher, der nicht verinnerlicht habe, welche Hoffnung die Vereinigten Staaten für Menschen vermittelten, die sich mit der Unfreiheit nicht dauerhaft arrangieren wollten. Eine Ostdeutsche als Botschafterin in den USA. Sie wolle nicht, sagt Angela Merkel, daß die 68er Sozialisation höher eingeschätzt wird als die Biographie von Deutschen aus dem Osten. (*Die Welt*, 24. Februar 2003)

Dabei wäre Rumsfelds Bemerkung im Januar 2003, der Widerstand gegen den Krieg gehe vom alten Europa aus, lächerlich gewesen, wenn die Europäer sie nicht so ernst genommen hätten. Das neue Europa? Polen, jolly old England und das Spanien, das über Franco bis zu den Königen von Aragón und Kastilien zurückreicht, die Kolumbus aussandten? Gemeinsam war diesen Ländern vor allem, daß ihre Bürger etwa in gleicher Zahl auf die Straße gingen, um gegen die Beteiligung ihres Landes am Krieg zu protestieren. Das alte Europa? Die alte Tradition friedlicher Zusammenarbeit zwischen Deutschland und Frankreich? Angesichts der vielen Planungsfehler bei der Vorbereitung des Irakkriegs haben viele Rumsfelds Kompetenz als Militärstratege angezweifelt, aber nicht einmal der Verteidigungsminister selbst hätte gedacht, daß er sich einen Namen als Geschichtstheoretiker machen würde. Seine Unterscheidung zwischen altem und neuem Europa war nicht das Ergebnis geopolitischer Überlegungen, sondern eine denkbar plumpe Polemik inmitten einer Kampagne für die Unterstützung des Krieges. Als solche besitzt die Unterscheidung den theoretischen Tiefgang der Antwort eines Teenagers auf den Versuch der Eltern, ihn von einer Leichtsinnigkeit abzuhalten: Ihr seid doch schon alte Knacker!

Selbst wenn man darin einen Triumph der Ironie erkennen will, war es peinlich, zu beobachten, wie Europäer den Kontext von Rumsfelds Unterscheidung außer acht ließen. Sie veranstalteten ein Symposion nach dem anderen zu dem Thema, ob die unterschiedlichen Einstellungen zum Krieg tatsächlich größere historische Verschiebungen widerspiegelten. Vielleicht war es nur Respekt vor dem Amt eines Verteidigungsministers, dessen Worten man eine sorgfältigere Abwägung unterstellte, als tatsächlich stattfand. Vielleicht war es nur ein weiterer Vorwand für die Europäer, über sich selbst zu reden. Auf jeden Fall entdeckten in Deutschland Gegner und Befürworter des Krieges ein neues Diskussionsfeld: War Deutschlands Ablehnung des Krieges ein Ausdruck von Ressentiment oder ein Zeichen für Selbstbehauptung? Waren die Deutschen endlich reif genug für eigene politische Urteile, die von denen ihres großen Bruders und Lehrers in der Kunst der Demokratie abwichen? Oder steckte etwas anderes hinter ihrem Wunsch, erwachsen zu werden, nämlich der Ausbruch einer über Jahrzehnte unterdrückten Wut, in denen sie unter der sanften, aber entschlossenen Fuchtel Amerikas standen? Und wenn es Wut auf die Amerikaner gab, könnte das nicht eine unterdrückte Form der Wut auf die Juden sein? Etwa ein Jahr lang bildete sich eine kleine Industrie um die Frage, ob der Widerstand gegen Bushs Krieg bloß ein verdeckter Antisemitismus sei, von dem man fürchtete, er schlummere immer noch in jedem Deutschen – denn nur ein solcher Antisemitismus könne den unvorstellbaren Riß in dem seit 1949 bestehenden transatlantischen Bündnis erklären.

Es ist gut, solche Fragen zu stellen, und die Bereitschaft der Deutschen, ihre Motive mit strenger und wiederholter Aufrichtigkeit zu prüfen, ist eines der Dinge, die Ausländer an den deutschen Medien bewundern. In diesem Fall erschien die endlose Selbstanalyse jedoch nahezu grotesk. Was wäre, wenn wir uns mit Hilfe von Ockhams Rasiermesser einen Weg durch diese verwickelten Grübeleien bahnten und die einfachste Erklärung wählten: nämlich daß es in der Kontroverse um den Irakkrieg tatsächlich um den *Irakkrieg* ging – und nicht um deutsche Geschichte und kollektive Traumata? Für viele Ausländer war Schröder derjenige, der das begriff, und seine Argumente waren völlig sachlich. Wer im Bereich des Subjektiven verharrte, das waren CDU und große Teile der sich selbst geißelnden Linken. Natürlich war die amerikanische Diskussion auch nicht restlos objektiv, und zum Teil wurden dieselben Motive genannt. Regierungsberater Richard Perle beispielsweise war schnell mit dem Vorwurf bei der Hand, Schröder sei undankbar, und mit einem guten Blick dafür, wie man Salz in alte Wunden reiben kann, behauptete er, Schröder habe »die Geschichte der deutsch-amerikanischen Beziehungen völlig ignoriert. Die Rolle der USA bei der Befreiung Deutschlands von Adolf Hitler wurde ebenso ausgeblendet wie Amerikas Beitrag beim Wiederaufbau nach dem Krieg und bei der

Wiedervereinigung. Der Kanzler hat dies alles aus dem Fenster geworfen. Er hat die amerikanische Politik ohne Not abgelehnt.« Perle schloß damit, daß er Schröders Rücktritt forderte – ja, einem Bericht zufolge sogar einen »Regimewechsel« in Deutschland – und behauptete, Schröders Position schließe Deutschland aus der internationalen Politik aus (*Handelsblatt*, 2. Oktober 2002).

Der Versuch, die deutschen wie die amerikanischen Medien in jenen Tagen zu verfolgen, strapazierte meine Zeit und meine Geduld. Ich konnte nichts Sinnvolleres tun, um gegen den Krieg zu protestieren, als immer wieder zu erklären, daß Bushs Haltung keineswegs die Auffassung der meisten gebildeten, ja nicht einmal der Mehrheit der Amerikaner spiegelt. Das war den Deutschen erstaunlich schwer zu vermitteln. Trotz der im allgemeinen umfassenden Berichterstattung mußten viele Deutsche erst selbst in die Staaten reisen, um einzusehen, wie tief Bushs Politik die amerikanische Nation gespalten hatte – tiefer als irgendein anderes Ereignis seit dem Bürgerkrieg.

So berichtete die *Berliner Zeitung* am 28. März 2003:

> Angeregt erzählt Friedrich Merz am Mittwoch von seinem Besuch in den USA, angeregt und inhaltlich recht überraschend. Die Situation in der amerikanischen Hauptstadt müsse differenzierter betrachtet werden, als das vielfach getan werde, sagt zum Beispiel der stellvertretende CDU/CSU Fraktionschef. Es gebe längst nicht nur Begeisterung über die Politik des amerikanischen Präsiden-

> ten George W. Bush. Auch nicht unter Republikanern, so Merz nach seinen Gesprächen mit den US-Senatoren Chuck Hagel und John McCain. Die kritisierten durchaus, wie sich Bush und sein engster Kreis selbst von der eigenen Partei abschotten würden. Die stritten darüber, so Merz, ob sich die USA mit ihrem politischen Alleingang einen Gefallen getan hätten. Und auch über den zukünftigen Bestand von Nato und Vereinten Nationen würde unter den Republikanern sehr kontrovers diskutiert.

Die Beobachtungen von Merz waren richtig, und er hätte sie schon früher machen können, wenn er einem Rat gefolgt wäre, den ich hier weitergebe: Lesen Sie jeden Morgen den op/ed-Teil der *New York Times*. Diese Kommentare zur politischen Situation sind im Internet frei zugänglich und selbst von jemandem, der nur mäßig Englisch spricht, in einer Viertelstunde zu bewältigen: www.nytimes.com.

Die *New York Times* gilt als Amerikas liberalste Zeitung, aber jahrelang war sie in etwa so links wie die *Frankfurter Allgemeine Zeitung*. Während der heißen Phase des Irakkriegs änderte sie ihre Position vollständig. Nachdem der Einmarsch keinerlei Massenvernichtungswaffen zutage gefördert hatte, veröffentlichte sie in einem beispiellosen Schritt eine Entschuldigung: In ihren Berichten vor dem Krieg sei sie allzu bereit gewesen, die Angaben der Regierung für bare Münze zu nehmen, allzu bereit, alle skeptischen Fragen in dem Kleingedruckten neben Großanzeigen für Schmuck und

Unterwäsche untergehen zu lassen. Am Ende brachte die Zeitung eine geharnischte Erklärung gegen den Krieg, und die meisten Artikel auf den op-ed-Seiten enthielten scharfe Angriffe auf Bushs Politik. Paul Krugman, ein Wirtschaftswissenschaftler in Princeton, wurde wegen seines kompromißlosen, alle diplomatischen und journalistischen Euphemismen meidenden Stils zum meistgelesenen (und bestbezahlten) Kolumnisten. Obwohl Krugmans Kritiken in der Zeitung erschienen, die dem Lebensstil der New Yorker Oberschicht entspricht, waren sie beißender als alles, was in der *taz* zu lesen war. Zu einer Zeit, in der deutsche Kritiker Schröders Wort »abenteuerlich« für eine äußerst undiplomatische Bezeichnung für Bushs Kriegspläne hielten, verglich Krugman Bush mit dem verrückt gewordenen Kapitän der USS Caine – ein kaum verhüllter Aufruf zur Meuterei.

Krugman bildet nur ein Beispiel für eine Entwicklung, die Amerikaner für beinahe undenkbar gehalten hatten: Hier zeigte sich eine Erschütterung und ein Aufbegehren innerhalb von Amerika. Wenige Amerikaner haben das so gut auf den Punkt gebracht wie Fritz Stern, der in der *Zeit* schrieb:

> Ausgerechnet jetzt, da bei mir die Liebe für die Freiheit ungebrochen ist, so kompliziert ihre Festigung auch sein mag, benutzt der amerikanische Präsident den Begriff der Freiheit als Schlagwort. Der Welt verspricht Bush sie vollmundig, doch im eigenen Land schränkt er die Freiheit ein – ein orwellsches Spiel. Meines Erachtens sieht Bush den fatalen Widerspruch nicht.

> Die entsetzlichste und unmenschlichste Beschränkung der Freiheit, die Bush außerhalb der USA gegenüber Nichtamerikanern betreibt – Iraker, Afghanen –, ist der Einsatz von Folter. Ich bin überzeugt, dass die Gräuel von oben gedeckt werden, auch wenn die Regierung das bestreitet.
> Mein anderes Entsetzen, das die Amerikaner selbst betrifft, ist ausgelöst von der Einschüchterung der Bürger auf vielen Ebenen. Die Ausweitung der Macht, die die Regierung zu diesem Zweck an sich reißt, ist erschreckend. Nur zwei Beispiele dazu: in einer meiner Reden hatte ich Parallelen zwischen Bush und Hitler angedeutet, und zwar ausschließlich bezogen auf die Vermischung von Politik und Religion. Darüber erschien ein Artikel in der *New York Times*. Viele Leser attestierten mir daraufhin Mut. Welchen Mut? Die Reaktion der Gleichgestimmten erschütterte mich ... (16. Juni 2005)

Diese Worte wurden 2005 geschrieben, aber Stern und andere machten sich 2002 ähnliche Sorgen, als die Eile, mit der Bush auf einen Krieg zusteuerte, verdächtig erschien. Unsere schlimmsten Befürchtungen wurden wahr. Es war nicht nur der Krieg selbst, es war vor allem die Mischung aus Inkompetenz und Unverfrorenheit, mit der er geführt wurde, die sogar die Kriegsgegner der ersten Stunde überraschte.
So erklärte der stellvertretende Verteidigungsminister Wolfowitz, nachdem der Kriegsgrund der USA – die Massenvernichtungswaffen des Irak – sich als vorgeschoben herausgestellt hatte, die wirkliche Absicht habe

in einer Neuordnung des Nahen Ostens bestanden. Nun, da man Truppen im Irak habe, seien die Mittel nicht mehr so wichtig. Über soviel Unverfrorenheit waren die Kriegsgegner entgeistert. Noch verblüffender war die Gleichgültigkeit der Regierung gegenüber der Art der Kriegführung. Bereits simpelste taktische Überlegungen hätten die USA veranlassen müssen, sich als Besatzungsmacht musterhaft zu verhalten, allein schon um ihre Kritiker zu widerlegen. Samthandschuhe gibt es in allen Formen und Größen, und selbst Kaugummi hätte seine Wirkung getan. Doch statt die von den amerikanischen Bomben zerstörte Infrastruktur schnell wiederaufzubauen, wurden die für den Wiederaufbau vorgesehenen Gelder bis heute nicht ausgegeben, so daß den Irakern nicht Care-Pakete in Erinnerung bleiben werden, sondern Abu Ghraib. Die Enthüllungen über Folterpraktiken im Gefängnis von Abu Ghraib nehmen eine Dimension an, die kein europäischer oder amerikanischer Kriegsgegner vorausgesehen hat. Doch nicht nur das, sondern zusätzlich die Reaktion ihrer Regierung beschämte Millionen von Amerikanern: Abgesehen von einigen wenigen Soldaten der unteren Dienstränge wurden alle für den Skandal Verantwortlichen befördert.

In Anbetracht dieses zynischen Machtkalküls der Regierung Bush bei Vorbereitung und Durchführung des Irakkriegs ist Deutschlands Bereitschaft erstaunlich, auf die angenommenen Empfindlichkeiten Amerikas Rücksicht zu nehmen. Amerika steht, hörte man wiederholt, unter dem Schock der größten Niederlage, die es je erlitten hat. Viele beharrten deshalb darauf, das

Vorgehen der amerikanischen Regierung als Konsequenz der terroristischen Angriffe zu verstehen. Und die Deutschen hatten recht: Sie begriffen die amerikanische Betroffenheit über den Anschlag vom 11. September 2001 nicht, denn zumindest eine einschlägige Geschichte darüber wurde hier nie publik:

Bei amerikanischen Pferderennen kann man auf eine »trifecta«, auf drei Pferde, setzen. Belegen sie die ersten drei Plätze, ist man ein Glückspilz. »To win the trifecta« ist das amerikanische Äquivalent für »sechs Richtige im Lotto haben«. Der Ausdruck gelangte im Oktober 2001 in den politischen Diskurs Amerikas, als die Regierung Bush erklären wollte, warum sie dabei war, den Haushaltsüberschuß der Clintonzeit in das größte Defizit der US-Geschichte zu verwandeln. In einer Rede vor dem National Press Club führte Mitch Daniels, Bushs Leiter der Haushaltsabteilung, drei Gründe für ein Haushaltsdefizit an: Krieg, Rezession oder Notstand. »Und wie (der Präsident) zu mir Mitte September sagte: ›Lucky me, I hit the trifecta‹.«

Diese Dreierwette auf Krieg, Rezession und Notstand war keineswegs ein Lapsus im privaten Gespräch mit einem engen Berater. Bush war von seinem »Witz« so begeistert, daß er ihn zwischen Januar und Juni 2002 in dreizehn Reden wiederholte, meistens auf Spendenveranstaltungen vor republikanischem Publikum, das, wie ein Film zeigt, herzhaft darüber lachte. Die Rede war bei allen Gelegenheiten mehr oder weniger dieselbe:

> Wissen Sie, auf einer Wahlkampfveranstaltung in Chicago fragte mich jemand, ob es jemals Zeiten

gibt, in denen der Staatshaushalt ein Defizit aufweisen muß. Ich antwortete, nur wenn wir uns im Krieg befinden, ein nationaler Notstand vorliegt oder wir eine Rezession durchmachen. (Gelächter) Mir war gar nicht so recht klar, daß wir das große Los ziehen würden (we'd get the trifecta). (Gelächter) Aber es ist alles in Ordnung.

Infolge der hohen Kriegskosten und massiver Steuersenkungen ist es Bush tatsächlich gelungen, die höchsten Schulden in der US-Geschichte zu machen. Aber das ist weniger schockierend als die Art und Weise, in der er vor einem zustimmenden Publikum über die Terrorattacken sprach – und das zu einer Zeit, als die Trümmer des World Trade Centers gerade zu rauchen aufgehört hatten. Nachdem Krugman darüber geschrieben hatte, beschloß Bushs Pressebüro, den Witz aus seinem Repertoire zu streichen, und empfahl ihm, bei jeder Erwähnung des 11. September 2001 ein betrübliches Gesicht zu machen. Für ihre Rücksichtnahme auf die Gefühle anderer muß man die Deutschen loben, und sicherlich gibt es viele wirklich vom Terror betroffene Amerikaner. Nur sind das nicht die, die das Land regieren.

Natürlich wußte Schröder 2002 nichts von alledem – so wenig wie andere. Er gelangte zu einer Entscheidung, die sich als weitsichtiger herausstellte, als irgend jemand erwartet hatte. In einem langen Artikel in *The Globalist* hieß es, sein »staatsmännisches Verhalten« stehe in der Wertetradition großer deutscher Historiker und seine Irakentscheidung stütze sich auf die Grundsätze Rankes und Meineckes.

> Kanzler Schröder, alles andere als ein Antiamerikaner, scheint erkannt zu haben, daß die Politik der Regierung Bush im Irak und im Nahen Osten sowie ihre Präventivschläge vorsehende nationale Sicherheitsstrategie eine gefährliche und nie dagewesene Abweichung von der traditionellen amerikanischen Staatskunst ist. Auch darin eifert er Meinecke nach.« (*Gerhard Schröder as Great Historian*, 1. Januar 2003)

Im Sommer und Herbst 2002 trugen die meisten außenpolitischen Berater der Regierung Bush Senior öffentlich ihre Bedenken gegen einen Krieg vor. Im *Wall Street Journal* warnte Brent Scowcroft, ehemaliger Sicherheitsberater und einer der Architekten des breiten internationalen Bündnisses im ersten Golfkrieg, daß »ein Angriff auf den Irak zum jetzigen Zeitpunkt die weltweite Antiterrorkampagne ernsthaft gefährdet«. Der frühere Außenminister Eagleburger sagte *ABC News*, »sofern Saddam nicht den Finger am Abzug einer Massenvernichtungswaffe hat und unser Geheimdienst das weiß, verstehe ich nicht, warum wir jetzt, wenn alle unsere Verbündeten dagegen sind, zuschlagen sollten«. Wenn sie schon in der Öffentlichkeit so wenig Zurückhaltung übten, würde man gern wissen, was sie im Privaten sagten. Der *New York Times* vom 17. August 2002 zufolge »äußerte heute ein Republikaner mit engen Verbindungen zum inneren Bushkreis, Mr. Scowcroft wäre ohne Wissen des ersten Präsidenten Bush niemals mit seiner Warnung vor die Öffentlichkeit getreten. [...] Scowcrofts Ansichten entsprechen sicherlich denen des

Präsidentenvaters.« Doch als sich abzeichnete, daß Bush Junior auf jeden Fall den Krieg führen würde, stellten sich die Berater seines Vaters diskret hinter ihn; schließlich ist es eine wichtige Maxime aufgeklärter Kindererziehung, daß die Kinder ihre eigenen Fehler machen müssen. Die Kritik, die in den Medien geäußert worden war, wurde stillschweigend fallengelassen. Man mußte also gar nicht weiter links stehen als Bush Seniors außenpolitischer Stab, um zu glauben, daß dieser Krieg abenteuerlich sei. Man mußte nur standhaft sein.

Schadenfreude und Symbolik

Die Auswahl der hier wiedergegebenen Äußerungen ist nicht beliebig. Ich wählte einen Kreis von Personen, die keine Deutschen sind, aber fast allesamt Deutsch lesen und beträchtliche Zeit in Deutschland verbracht haben, ohne den Blick des Außenstehenden zu verlieren. Sie sind, wenn schon nicht repräsentativ, dann zumindest exemplarisch – exemplarisch aus einem Grund: In der ganzen Welt und in allen möglichen Kreisen wird das heutige Deutschland weitaus positiver wahrgenommen, als die Deutschen es sehen.

Sie bewundern das vergleichsweise hohe Niveau der öffentlichen Diskussionen. In Amerika etwa begegnen die Republikaner seit Nixon jeder Einmischung von Intellektuellen in öffentliche Angelegenheiten mit Mißtrauen, und je mehr diese zur Elite gehörten, um so größeres Mißtrauen erwecken sie. (*Harvard haßt Amerika* lautete der Titel einer antiintellektuellen Tirade, die zum Bestseller wurde.) Infolgedessen werden öffentliche Debatten in der Regel von Dreißig-Sekunden-Statements beherrscht, während ein Leserbrief von John Rawls an die *New York Times* zum Thema Hiroshima unveröffentlicht blieb. Ausländer schätzen zudem den kosmopolitischen Standpunkt vieler deutscher Medien. Anders etwa als die meisten Franzosen oder Amerikaner sind die Deutschen wirklich an den Meinungen Außenstehender interessiert. Woher dieses Interesse stammt, ist leicht zu erraten: Da sie wissen, in welch üblen Sumpf ihre Nation geraten ist, als sie nicht auf andere hörte, haben sie diesen Fehler in den letzten Jahrzehnten wettgemacht. Woher sie auch stammen mag, die Offenheit gegenüber internationalen Debatten ist ein großer Vorzug, und man kann nur hoffen, daß die Deutschen ein Vorbild für andere werden. (In der jüngsten Entscheidung des höchsten amerikanischen Gerichts, in der die Hinrichtung Minderjähriger untersagt wurde, hat der Oberste Gerichtshof zum ersten Mal die internationale Meinung in seinem Urteil berücksichtigt – soviel über Vorbildfunktionen.) Die gegenwärtige politische Kultur in Deutschland – Fritz Stern bezeichnet sie als die am wenigsten vergiftete in der modernen Geschichte Deutschlands – ist der ihres amerikanischen Verbündeten weit voraus, und zwar in einer Weise, die den meisten ausländischen Beobachtern größte Achtung einflößt.

Aber natürlich gibt es auch andere Stimmen. Schröders Forderung nach Neuwahlen und das Nein der Franzosen und Niederländer zur EU-Verfassung fielen zeitlich so eng zusammen, daß die meisten Konservativen in Amerika sie für den Ausdruck ein und desselben Trends hielten und beides mit derselben Gesinnung begrüßten. Hier ein Beispiel. *Brüssel brennt: Der Tod der EU-Verfassung* titelte die konservative *National Review*:

> Wenn Schadenfreude das Vergnügen am Unglück anderer ist, dann macht sich bei mir Eurofreude oder Francofreude oder irgendwas anderes bemerkbar. Was ich weiß, ist dies: Die Europäer, die mir ein Dorn im Auge sind, verziehen das Gesicht,

als hätten sie ein Haar in ihrem Käse gefunden, und ich empfinde mächtige Freude. Oder Schaden. Oder was auch immer. Das EU-Projekt ist gescheitert. Das ist einfach eine großartige Nachricht. In den letzten Jahren hat das ganze EU-Projekt einen antiamerikanischen Goût angenommen – jedenfalls in Westeuropa. Die Regierungschefs Frankreichs und Deutschlands, Jacques Chirac und Gerhard Schröder, der Wahlverlierer und die lahme Ente, haben in den letzten Jahren ihre politische Maschinerie kräftig mit Antiamerikanismus geölt. Wenn antiamerikanische Kläffer wie Schröder und Chirac dafür einen Tritt in den Allerwertesten bekommen, kann jeder intelligente Amerikaner daraufhin nur eines tun: einen Freudentanz aufführen, die Gläser klirren lassen und ihnen mit einem gigantischen Schaumstoffinger unter die Nase reiben *Wir sind die Nummer eins.* Aber Amerikas führende Politiker sollten es hinter verschlossenen Türen tun. Öffentliche Häme wäre nicht in unserem Interesse. (3. Juni 2005)

Der *Weekly Standard*, die tonangebende Zeitung der Neokonservativen, drückte dasselbe etwas eleganter aus.

Auch wenn einige versucht sind, sich beim Anblick von Jacques Chirac und Gerhard Schröder, die vor den Trümmern ihre Großmachtambitionen stehen, ein wenig Schadenfreude zu gönnen, sollten sie dem widerstehen. Schon die leiseste Andeu-

> tung in Europa, daß Washington sich aktiv darum bemüht, die europäische Einheit zu untergraben, würde ausreichen, diese zu stärken. (20. Juni 2005)

Eine Woche später entdeckte ein anderer Artikel in der *National Review* Orwellsche Züge in der europäischen Verfassung. In seinem Artikel *Eurospeak* klagt Roger Scruton, »der üble, mittlerweile von der europäischen Landkarte verschwundene Geist des Marxismus« sei durch die bürokratische Sprache der EU ersetzt worden, die er mit der kommunistischen Partei gleichsetzt. Immer, wenn die BBC eine konservative, nationalistische Perspektive zu Wort kommen lassen möchte, wendet sie sich an Scruton. Aber er ist auch Philosoph, und als solcher sollte ihm der inflationäre Gebrauch des Wortes »totalitär« Sorgen machen, ein Wort, das mittlerweile wenig anderes als »der böse Andere« bedeutet. Hannah Arendt, die den Totalitarismus-Begriff in Umlauf gebracht, aber auch stets betont hat, wie wichtig es sei, Unterschiede wie Ähnlichkeiten zu beachten, wäre entsetzt, wie hier die Taliban, die Nazis, die Sowjets und nun die Brüsseler Bürokratie unter diesen einen Begriff subsumiert werden. So verkommt das Wort zum Ersatzbegriff des Intellektuellen für den ›Schwarzen Mann‹. Das Vergnügen konservativer Blätter an Prägungen wie EUnuchen und EUtopia könnte Robert Kagans These bestätigen, wonach Amerikaner vom Mars sind – wäre ihre kriegerische Haltung nur nicht so unendlich kindisch. »Daß die Schadenfreude in denselben USA erklingt, die Europa aufgefordert haben, eine EU zu bilden, vermag man kaum zu glauben«, meint Amos Elon.

Konservative amerikanische Medien jubeln ebenso über die Aussicht einer Wahlniederlage Schröders wie über die Aussicht einer auseinandergebrochenen EU. Im *Wall Street Journal* war zu lesen: »Schlechte Nachrichten für Mr. Schröder sind gute Nachrichten für Amerika. Die Christdemokraten haben angekündigt, daß Angela Merkel, ihre proamerikanische Parteivorsitzende, die Kanzlerkandidatin in den Herbstwahlen sein wird.« Das Blatt wollte seinen Lesern weismachen, die Wahlen in Nordrhein-Westfalen seien eine Entscheidung für den freien Markt gewesen, denn anderenfalls hätten die »Bündnispartner der Linken, die Grünen«, mehr Stimmen bekommen (23. Mai 2005). Aber die meisten konservativen Kommentatoren betonten eher die außenpolitischen Folgen dieser Wahlen. Die *Washington Times* schrieb: »Deutschland könnte schon bald wieder ein zuverlässiger Partner der USA werden ... Wenn Deutschland – das wichtigste Land der EU – im Herbst eine Wende erlebt und sich in internationalen Fragen an die Seite der USA stellt, könnte für Präsident Bush ein Traum wahr werden.« (26. Mai 2005)

»Merkel ist Transatlantikerin«, erklärte Richard Perle am 27. Mai 2005 im *Handelsblatt*, und wie viele andere der Regierung Bush nahestehende Kommentatoren drückte er seine Freude über die Aussicht auf eine »proamerikanische« Regierung aus. Die Bezeichnung der gegenwärtigen deutschen Regierung als antiamerikanisch klingt in amerikanischen Ohren bedrohlicher als in anderen. Amerikanern ist bewußt, wie regelmäßig die Ablehnung bestimmter Regierungsmaßnahmen als antiamerikanisch bezeichnet wurde, häufig mit erschrek-

kenden Folgen – es sei nur an den von Joseph McCarthy dominierten *Ausschuß für unamerikanische Umtriebe* erinnert.
Auf einer im Oktober 2003 abgehaltenen Konferenz zum Thema *Neue amerikanische Sicherheits- und Friedensstrategien* ging der frühere Sicherheitsberater Brzezinski in seiner Besorgnis noch einen Schritt weiter: Er fürchte, die Regierung Bush sei in eine »paranoide Weltsicht« verfallen. Diese Ansicht läßt sich

> in einem auf höchster Ebene wiederholt gebrauchten Ausdruck zusammenfassen: Wer nicht für uns ist, ist gegen uns. Ich sage »wiederholt«, weil ich vor einigen Monaten einmal eine Computersuche durchführte, um zu sehen, wie oft er von der allerhöchsten Ebene öffentlich gebraucht wurde. Neunundneunzigmal, lautete das Suchergebnis. Offensichtlich spiegelt der Ausdruck ein tiefempfundenes Gefühl. Ich habe die starke Vermutung, daß derjenige, der ihn gebraucht, nichts über seine historischen oder geistigen Ursprünge weiß. Es war nämlich Lenin, der den Ausdruck in Umlauf brachte, als er die Sozialdemokraten wegen ihrer antibolschewistischen Haltung angriff.

In Deutschland, wo politische Meinungsverschiedenheiten nicht als eine Bedrohung für die grundlegende Loyalität empfunden werden, sind Angriffe dieser Art heute glücklicherweise schwer vorstellbar. Der Nationalsozialismus hatte diese Verdammung des politischen Gegners in Verruf gebracht: Die Behauptung, eine bestimmte Politik sei »antideutsch«, würde im Jahr 2005 denjenigen als nationalistischen Rechtsaußen diskreditieren, der sie aufstellt, nicht die Politik selbst. Das ist ein eindeutiges Zeichen für den Erfolg von 60 Jahren Demokratie in Deutschland. Wenn aber »antideutsch« nicht als Argument gegen eine Politik gilt, warum sollte es um »antiamerikanisch« besser bestellt sein?

In einem Artikel in der kanadischen *National Post*: *Chirac und Schröder bekommen, was sie verdienen*, stellt sich David Frum diese Frage jedenfalls nicht. Frum, heute Mitglied des American Enterprise Institute, der Ideenschmiede der Konservativen, war vorher Redenschreiber im Weißen Haus und ist als Verfasser von Bushs Rede über die »Achse des Bösen« bekannt. Er schreibt, Chirac und Schröder »zahlten nun den Preis für ihren Zynismus und ihre Feigheit«, und in Europas gegenwärtigen Nöten zeige sich die Hand der Vorsehung.

> George Bush: wiedergewählt. Tony Blair: wiedergewählt. John Howard: wiedergewählt. Für Gerhard Schröder und Jacques Chirac, die prominentesten Gegner der anglo-amerikanischen Antiterror-Allianz, aber dämmert nach ihrer demütigenden Niederlage und Ablehnung, die in der jüngsten europäischen Geschichte ihresgleichen sucht, der Untergang. Wer sagt da noch, es gäbe keine Gerechtigkeit auf der Welt. (24. Mai 2005)

Wie ernst es Frum damit ist, läßt sich schwer beurteilen. Ideologisch betrachtet, besteht die Regierung Bush aus einem vielschichtigen Bündnis neokonservativer Theoretiker, klassischer Vertreter des militärisch-industriellen Komplexes und fundamentalistischer Christen. Obwohl die letzteren uns im Internet über das Nahen der Apokalypse auf dem laufenden halten, gilt ihr Augenmerk nicht so sehr Deutschland – für sie der moderne Nachfahre der Assyrer –, sondern Europa im ganzen. Anders als ihre neokonservativen Verbündeten waren die Fundamentalisten zeitweilig über die Ablehnung der EU-Verfassung enttäuscht, ist doch die EU für sie das wiedererstandene Römische Reich, aus dem laut der biblischen Offenbarung der Antichrist hervorgehen soll. Das Drängen der EU auf einen Frieden zwischen Israel und Palästina ist der »mit Tod und Hölle geschlossene Bund«, der irgendwann vom Antichrist besiegelt werden wird (Daniel 9:26-27).

> Prophetisch gesprochen, könnte die große Frage unserer Zeit so lauten: Ist die Europäische Union das prophezeite Reich, aus dem schließlich die zehn Königreiche hervorgehen, die dem Antichrist seine bestialische Macht verleihen? Niemand kann das mit Sicherheit behaupten, doch wenn die EU nicht die Institution ist, aus dem sich die bösesten Reiche in der Geschichte entwickeln, dann muß sie der Zwilling des in der Bibel prophezeiten Reichs sein. (www.raptureready.com, 20. Juni 2005)

Die Wahl

Welcher Seite ausländische Beobachter bei den kommenden Bundestagswahlen auch zujubeln werden, einig sind sich die meisten darüber, was auf dem Spiel steht. Konservative Stimmen wie das *Wall Street Journal* hoffen, daß ein CDU/FDP Sieg das Signal für den Abbau des Sozialstaates geben wird, zur Nachahmung für den Rest Europas, und Seyla Benhabib meint, die weltweit operierenden Unternehmen nähmen nun die organisierten deutschen Arbeiter ins Visier. »Der deutsche Kündigungsschutz, die außertariflichen Leistungen und die vielen Urlaubstage werden von den Neoliberalen als Paradebeispiel für einen verknöcherten Arbeitsmarkt angeführt, mit dem endlich Schluß sein muß. Die von den Konservativen gewünschte Liberalisierung des Arbeitsmarktes würde weit über Deutschland hinausreichende Folgen haben.« Breyten Breytenbach, der afrikanische Schriftsteller, Künstler und politische Aktivist, der wegen seines Widerstands gegen die Apartheidspolitik sieben Jahre im Gefängnis saß und anschließend französischer Staatsbürger wurde, erklärt: »Als Europäer bin ich davon überzeugt, daß man unbedingt an der schwierigen, aber notwendigen, von Schröder verkörperten Alternative zum Raubtierkapitalismus in Europa und in der Welt festhalten und sie konkret umsetzen muß.« Tony Judt betont, der Versuch, Deutschland in eine Miniaturversion der USA zu verwandeln, sei zum Scheitern verurteilt.

> Zu werden »wie Amerika« ist keine realistische Option, selbst wenn man sie für wünschenswert hielte. Man sehe sich nur die Slowakei an, eines von mehreren osteuropäischen Ländern, deren politische Führung davon träumt, dem Sozialstaat den Garaus zu machen, die Wirtschaft zu »liberalisieren« und »Kleinamerika« zu werden. Das Land wird höchsten drei bis fünf Jahre die Chance haben, durch niedrige Löhne und eine hochentwikkelte Industrie Investoren anzulocken und Jobs zu schaffen, bevor auch dort die Arbeit teurer wird und die Industrie weiter nach Osten zieht. Wenn dieser Punkt erreicht ist, hat die Slowakei zu wählen zwischen dem europäischen Modell der Sozialversicherung und staatlicher Eingriffe in den Markt und einer von politischem Aufruhr begleiteten Wirtschaftskrise. Europas einzige Hoffnung besteht darin, eine erfolgreiche Version Europas zu sein – und das ist etwas ganz anderes als die Vereinigten Staaten.

Den meisten Kommentatoren ist jedoch bewußt, daß selbst ein Wahlsieg der Opposition kein Mandat für eine durchgreifende neoliberale Reform wäre. *Slate* weist beispielsweise darauf hin, daß Begriffe wie »konservativ« und »marktwirtschaftliche Reform« in Amerika und Europa ganz Verschiedenes bezeichnen: »Merkels Reformen werden ein wenig aggressiver sein als die Schröders, aber im Grunde wird die Kontinuität gewahrt werden.« Von außerhalb Europas betrachtet, besitzen die Kontroversen der verschiedenen deutschen

Parteien um die Wirtschaftspolitik den Charakter eines Streits um Details. Die *Chicago Tribune* kommt daher zu dem Schluß:

> Die Unterschiede zwischen Merkel, Gerhard Schröder oder Joschka Fischer sind hier gar nicht so groß. Doch in der Außenpolitik hat Merkel sich mit ihrer vorbehaltlosen Umarmung der USA als wahre Radikale offenbart. Merkels Haltung zu den USA und Kanzler Gerhard Schröders Haltung sind – um in der Sprache des Kalten Krieges zu bleiben – viel weiter voneinander entfernt als Fulda von der ehemaligen Zonengrenze ... Merkel ist der Meinung: Wir haben zwei Lektionen aus der Geschichte gelernt. Die erste lautet: »Kein Krieg.« Die zweite: »Kein deutscher Sonderweg« ... »Und was noch wichtiger ist«, so Merkel, »Deutschland muß sich fragen, was im deutschen Interesse liegt. Und es kann nicht nur darin liegen, den USA für alles Frühere zu danken.« Man müsse auch den USA beistehen. Die Deutschen seien ganz und gar davon überzeugt, daß die USA sie im Notfall retten würden. »Sie sehen nicht, daß Amerika uns nicht helfen wird, wenn wir Amerika nicht helfen.« (26. Februar 2003)

Diese Strategie der CDU würde, wie Tony Judt meint, Deutschlands Interessen beeinträchtigen – sogar die Fähigkeit des Landes, mit anderen europäischen Staaten zu kooperieren oder die Briten davon zu überzeugen, mehr Geld in den gemeinsamen europäischen Haushalt zu zahlen. Er sagt:

> Merkel ist aus einem sehr einfachen Grund in Washington beliebt. In ihrer Art, mit sensiblen Fragen umzugehen, sieht man eine Einschränkung der europäischen Handlungsfreiheit. Es ist eine Einstellung, die mit den Worten beginnt: Wie werden Amerika nie Schwierigkeiten bereiten. Ironischerweise ist selbst die Haltung gegenüber der Türkei hinderlich für die Möglichkeiten Deutschlands und der EU, auf die Weltpolitik Einfluß zu nehmen. Selbstredend gefällt das der gegenwärtigen US-Regierung.

Ende Juni widmete die *Berliner Zeitung* ihr Feuilleton der Frage, warum Künstler und Intellektuelle sich aus der aktuellen politischen Debatte heraushielten. Ihr Fazit: »Die Fragen, die heute anstehen, sind Lebensfragen unserer Gesellschaft: der Ausgleich der öffentlichen Haushalte, die Stabilisierung der Sozialversicherungssysteme, die Öffnung der Flächentarifverträge. Aber das sind technische Fragen.« Die politische Lage, so das Resümee, sei »geistig reizlos«. Das trifft sicherlich auf die Vielzahl gesetzlicher Regelungen zu, die unbedingt in Angriff genommen werden müssen, wenn die deutsche Wirtschaft effizienter und gerechter werden soll. Da man sich aber innerhalb wie außerhalb der Bundesrepublik darüber einig ist, daß sich die Rezepte ähneln, gleichgültig, welche Partei an der Macht ist, müssen die zentralen zur Wahl stehenden Themen andere sein. Mit ihnen setzen sich die ausländischen Beobachter auseinander in genau der engagierten Weise, die die *Berliner Zeitung* vermißt.

Avishai Margalit bringt sie so auf den Punkt:

> Ein Regierungswechsel bedeutete nicht bloß einen Regierungswechsel, er wäre gleichbedeutend mit einem Kulturkampf. Ein Sieg der CDU käme einer Kulturrevolution gleich, wie sie Bush gelungen ist. In dem äußerst irrationalen amerikanischen Haß auf Clinton zeigt sich ein erstaunlich heftiger Haß auf die sechziger Jahre. Während Fischer und Schröder dieses Jahrzehnt verkörpern, sucht die Opposition nach einer Gelegenheit, mit dieser Zeit abzurechnen.

Fischer ist dabei für Margalit die wichtigere Person als Schröder, der im Ausland zwar als klug, aber auch als farbloser gilt. Er läßt die früheren SPD-Kanzler Revue passieren.

> Schmidt war der Traumkandidat der CDU: Er regierte, sie gab den Ton an. Brandt erinnerte uns alle an den Krieg. Für mich als Sozialdemokraten der alten Schule ist auch Schröder ein Problem. Ich hätte es gern gesehen, daß die Gewerkschaften größeren Einfluß gehabt hätten, daß man mehr als einen Kapitalismus mit menschlichem Antlitz bietet. Dennoch schätze ich seine Leistung. Die Regierung Schröder/Fischer steht für die besten Strömungen der sechziger Jahre. Deshalb wird die Wahl interessant werden.

Sander Gilman weist darauf hin, daß die Themen, um die die sogenannten Kulturkämpfe in Amerika ausgetragen werden, in den nächsten Jahren auch in Europa toben werden. »Sämtliche Themen wie Abtreibung, Stammzellenforschung oder Lebensqualität scheiden sich an der Links-Rechts-Achse. Wie die jüngsten Entscheidungen über Stammzellenforschung in Italien und die Ehe von Homosexuellen in Spanien zeigen, ist die Haltung der jeweiligen Regierung ausschlaggebend.« Am leidenschaftlichsten wird die Diskussion allerdings, wenn es um globale Bündnisse geht. So rief sogar der kalifornische Punkrocker Jello Biafra dem Publikum in der ausverkauften Berliner Kulturbrauerei zu:

> Danke, Gerhard Schröder! Danke, Euch Deutschen! Dass Ihr Euch nicht an die Seite von Bush gestellt habt, als er in den Irak einmarschiert ist! Ihr dürft nicht aufhören! Ihr müsst die Welt weiter vor meinem Volk, den Amerikanern, beschützen! Was wird aus uns allen, wenn ihr Angela Merkel wählt? (*Berliner Zeitung*, 24. Juni 2005)

Gemäßigtere – beinahe melancholische – Töne kommen aus New York. Todd Gitlin meint, das Ende der gegenwärtigen Regierung »wäre ein Schlag für die multilaterale Hoffnung, die hier immer noch lebt, und sei es wie Glut unter der Asche«. Benhabib fügt hinzu: »Es gibt eine ganze Bandbreite von Fragen, von Korea bis zum Nahen Osten, bei denen Europa ein Mitspracherecht haben muß. Was die USA überhaupt nicht gebrauchen können, ist ein sklavischer Proamerikanismus. Eine EU, die die USA nicht zur Vernunft bringen kann, wäre schrecklich für die Welt.« Breytenbach resümiert:

> Als Weltbürger glaube ich, daß es verheerend wäre, wenn die rot-grüne Koalition die Macht verlöre. Schröder mag ein politische Narziß sein, und niemand zweifelt daran, daß die gegenwärtige Regierung manche Versprechen nicht eingelöst hat. Doch in dieser kritischen Zeit sollten die Weichen für ein Europa gestellt werden, das eine echte, pluralistische Alternative des Westens zu der verhängnisvoll polarisierenden und interventionistischen Politik und Praxis der Fundamentalisten darstellt, die die Welt von Washington aus regieren wollen. Was könnte wichtiger sein, als daß die Welt nicht zugrunde geht an der Konfrontation zwischen einem Westen, der von Bush in die Doktrin des »Präventivkriegs« gepreßt wird, und uns übrigen. Was heißt Präventivkrieg denn anderes als den Zusammenbruch der internationalen Ethik durch sinnloses Morden und ungehemmtes Foltern. Unter Schröder hat Deutschland sich diesen Verirrungen einer globalisierten Arroganz und Barbarei widersetzt. Die internationale Situation wird sich weiter verschlechtern, und dann braucht die Welt mehr denn je kluge, unideologische Staatsmänner vom Format Schröders. Und als Künstler denke ich, daß wir nicht auf eine linke Regierung verzichten können, die einen Sinn dafür hat, welche Bedingungen für kulturelle Innovation und Kreativität gegeben sein müssen.

1998 kommentierte die *New York Times* die Bundestagswahlen unter der Überschrift *Neue Führung für ein neues Deutschland*. Damals hieß es unter anderem:

> Der Wahlausgang spiegelte Deutschlands Wandlung zu einem toleranten, liberalen und selbstbewußten Staat. Die Regierung des nächsten Kanzlers, Gerhard Schröder, wird einen neuen Ton anschlagen, einen Ton, der zu einem Land paßt, das immer mehr in eine neue politische und kulturelle Vielfalt, die Folge von Wiedervereinigung und Einwanderung, hineinwächst. Die Wahlen zeigen: Die große Mehrheit der Deutschen akzeptiert, daß sie nicht mehr eine homogene Nation bilden. Fremdenfeindliche Rechtsparteien haben extrem schlecht abgeschnitten, und die Regierung Schröder verspricht, mehr für ihre ausländischen Bürger zu tun als Herr Kohl, der rassistische Gewalt nur zögernd verurteilte. Das mag eine der wenigen, jetzt schon deutlichen politischen Veränderungen unter Herrn Schröder sein.

Konservative Blätter berichteten von ähnlichen Eindrücken, bewerteten sie allerdings anders. Die *Toronto Sun* beschrieb Schröder als »teutonische Kopie von Bill Clinton: jugendlich, charmant, schlagfertig, ein großartiger Fernsehpolitiker und Schauspieler, dessen gefärbtes welliges Haar, gutes, leicht zerfurchtes Aussehen und wohltönende Phrasen die weibliche Wählerschaft faszinieren. Wie Clinton ist Schröder ein Meister des warmherzigen, verschwommenen Schwulstes, der gern

tiefsinnige, bedeutungslose Phrasen von sich gibt wie ›weder links noch rechts‹ und ›wir müssen einen dritten Weg gehen‹, die oberflächliche Gemüter begeistern. Der Kern von Schröders Anhängerschaft entstammt wie die Clintons dem Lager der Regierungspartei: verwöhnte Angestellte des öffentlichen Dienstes, hochbezahlte Gewerkschaftler, Arbeitslose, linke Frauengruppen, Schwule und Lesben, Deutschlands mächtige Altlinke und, nicht zu vergessen, ein großer Teil der Medien.« (29. September 1998)
Diese Eindrücke hielten sich im Ausland auch noch nach sechs Amtsjahren Schröders. So meint *The Nation*, Fischer und Schröder repräsentierten

> ein grundlegend anderes Verhältnis zur deutschen Geschichte und zum deutschen Nationalismus, als die Konservativen es haben. Fischer und viele seiner grünen Freunde waren in ihrer Jugend damit beschäftigt, die Überreste des Nationalsozialismus in der politischen Kultur Westdeutschlands zu bekämpfen, und drängten die Generation ihrer Eltern und den jungen Staat, dasselbe zu tun. Im Gegensatz dazu haben sich die deutschen Christdemokraten diesem Prozeß oft widersetzt, und obwohl sich seit der Ära Adenauer viel verändert hat, halten sie noch immer an überholten Vorstellungen von Nation, Staat und Volk fest. Als die Konservativen an der Regierung waren, schürten regelmäßige Skandale wegen antisemitischer Äußerungen und verständnisvoller Kommentare zu einigen Aspekten des Dritten Reichs den Verdacht, die Deut-

> schen würden tief im Innern die Behandlung, die sie nach dem Krieg erfuhren, sehr übelnehmen und alles andere als unschuldige Ambitionen hegen, die eines Tages, sollte das Land je wiedervereinigt werden oder seine volle Souveränität zurückerlangen, nach oben gespült werden könnten. (3. Juli 2004)

Diese Regierung aber, so schloß *The Nation*, sei über diesen Verdacht erhaben.

Regierung und Opposition unterscheiden sich weniger beim Thema Steuererhöhungen oder Subventionskürzungen als vielmehr im Verständnis der Geschichte und deren Auswirkungen auf die Zukunft. In der Außenpolitik lautet die Alternative: Hobbes oder Kant? Als Robert Kagan die Amerikaner als Hobbesianer und die Europäer als Kantianer bezeichnete, ist ihm die damit implizierte radikale Akzentverschiebung entgangen. Kagans Unterscheidungen sind aus vielen Gründen vereinfachend. Aber es ist richtig, sich zu fragen, ob die Welt – in wirtschaftlichen wie in militärischen Angelegenheiten – von dem Gedanken geleitet werden soll, wonach im ewigen Krieg aller gegen alle die Macht das Recht schafft. Tatsächlich behauptet Hobbes nur, daß wir mit der Wirklichkeit einer solchen Welt rechnen müssen, die Regierung Bush jedoch möchte sie bewußt herbeiführen. Die Alternative dazu ist Kants unablässiger Hinweis, daß jedes Sollen ein Können impliziert, und das muß uns dazu anhalten, auf eine multilaterale Weltgemeinschaft mit gemeinsamen Idealen und gemeinsamen Interessen hinzuwirken.

Spätestens an diesem Punkt wird der Leser mir Schönfärberei vorwerfen. In der Theorie mögen Kants Ideen ja schön und gut sein, aber die Unzufriedenheit mit der gegenwärtigen Regierung entspringe doch dem Gefühl, daß sie in der Praxis nichts erreicht habe. Jedem, der weiß, wie schwer die Linke sich immer damit getan hat, ein Gleichgewicht zwischen Ideal und Wirklichkeit herzustellen, und häufig lieber auf die Macht verzichtet hat, als irgendwelche Kompromisse mit ihr einzugehen, wird die Behauptung bekannt vorkommen. Daß linke Theoretiker mit der Macht nie auf gutem Fuß standen, entspringt einer bewundernswerten Tradition: Es ist von jeher ihr Geschäft gewesen, die bestehenden Verhältnisse zu kritisieren, was im allgemeinen bedeutet, den Mächtigen unangenehme Wahrheiten zu sagen. Aber auf der ganzen Welt scheint die Linke an der von Heine beschriebenen deutschen Haltung zu kranken: Jemandem etwas Angenehmes zu sagen gilt als Zeichen von Anbiederei, vor allem, wenn dieser Jemand ein politisches Amt bekleidet. Deutschen Intellektuellen ist es ausgesprochen peinlich, eine bestehende Regierung zu loben; ihnen erscheint das als kitschig, kleinmütig oder kriecherisch, ja, sie fürchten ihre Identität zu verlieren.

Es war allerdings genau eine solche Haltung, die eine Unterstützung der Regierung Clinton praktisch gelähmt hat. Amerikaner, die in den Vereinigten Staaten leben, betrachten seine Präsidentschaft als weitgehend gescheitert. Rechte hassen ihn als Repräsentanten der offenen Gesellschaft, die Linke beschimpfte ihn als Liberalen, der nicht in der Lage gewesen war, eine gerechte Sozialpolitik durchzusetzen. Noch 2003 brachte ich eine Gruppe von linksliberalen Amerikanern in Rage, als ich in einer Diskussion den Namen Clinton fallenließ. Linke wie Rechte scheinen jedoch zu übersehen, daß Clinton in den Augen des Auslands Amerikas symbolisches Kapital enorm vergrößerte. Er verkörperte jenen amerikanischen Traum, der auch skeptische Menschen zu fesseln vermag: den Traum von einer Welt, in der durch Intelligenz und Energie vieles zu erreichen ist, er verkörperte die Neugierde, Aufgeschlossenheit und Ungezwungenheit, die man sich allgemein von der Neuen Welt erhofft. Allerdings merkten nur US-Bürger, die viel Zeit außerhalb der Staaten verbrachten, wie sehr ihr Land von Clinton profitierte. Denn von innen gesehen, zählte nur das Auf und Ab der kleinen Erfolge oder Desaster, die Kompromisse mit der Industrie, die Langeweile und die Enttäuschungen des politischen Alltags. So meinten viele schließlich, die inhaltlichen Unterschiede zwischen Republikanern und Demokraten seien gar zu klein, um wählen zu gehen. Es bedurfte einiger Jahre unter Bush, um die Linksliberalen schätzen zu lassen, was sie an Clinton hatten. Symbole erkennt man am ehesten aus einer gewissen Entfernung, und ein Kapital wird erst dann vermißt, wenn es aufgebraucht ist.

Die Aufklärung, wie Kant sie programmatisch formuliert hat, wird oft wegen ihrer naiven Fortschrittsgläubigkeit angegriffen. Nichts bringt ihre Kritiker so auf wie die Vorstellung, die Menschheit sei verbesserungsfähig. Im 18. Jahrhundert, so meinen sie, sei die Welt noch so einfach gewesen, daß die Philosophen voller Vertrauen in eine rosige Zukunft blicken konnten.

Doch uns melancholischeren, also klügeren Postmodernen hätten die Katastrophen der jüngeren Geschichte gelehrt, daß die Dinge sich stets zum Schlechteren wenden.

Solche Behauptungen verkennen die Grundideen der Aufklärung. Kant etwa glaubte in der Tat an die Möglichkeit eines Fortschritts, den er keineswegs für zwangsläufig hielt, denn er nannte ihn eine Sache des Glaubens. Seine Zweifel waren methodischer wie empirischer Natur. Er konnte einen ganzen Rattenschwanz von Beispielen für Barbarei innerhalb wie außerhalb der Zivilisation anführen, und für ihn waren die Beweise so überwältigend, daß er fürchtete, in der Verzweiflung zu versinken. Verzweiflung aber kann den Willen lähmen, ohne den es überhaupt keine Aussicht auf Fortschritt gibt. Um die Verzweiflung abzuwenden, brauchen wir, so Kant, etwas, das uns zeigt, wie die Menschheit sich trotz aller gegenteiligen Indizien manchmal zum Besseren ändert.

Welche Anzeichen bot er? Seine Zeit enthielt viele, doch Kants Beispiel hätte magerer nicht sein können. Der Ausgang der Französischen Revolution war zu ungewiß, um sie als Zeichen für eine Veränderung zum Guten oder zum Schlechten zu nehmen. Doch die uneigennützige Hoffnung, die die Revolution bei ihren Beobachtern erweckte, sei, so schrieb er, ein Zeichen dafür, daß wir Fortschritte machten und vielleicht noch mehr machen könnten – nicht die Revolution selbst, nur die Hoffnung, sie könnte Erfolg haben. Unser ganzer Fortschrittsglaube besitzt keine andere Form der Bestätigung.

Damit wir nicht erlahmen, bedarf es nur kleiner, nicht großer Zeichen von Hoffnung, und wer in Anbetracht einer Regierung enttäuscht ist, die sich als unfähig erwies, einen Großteil ihrer Versprechen zu erfüllen, sollte sich deshalb nicht gleich Asche aufs Haupt streuen. Die weltweite politische Lage ist entsetzlich. Europa ist eingekeilt zwischen zwei Fundamentalismen: Der eine facht die Politik des mächtigsten Landes in der Menschheitsgeschichte an, der andere stachelt eine zornige, immer größer werdende und kampfbereite Bevölkerungsgruppe auf. Im Gegensatz zu den Antagonisten des Kalten Krieges scheint keiner der beiden die Regeln instrumenteller Vernunft zu befolgen. Kein Wunder, daß Mohammed El-Baradei, der Direktor der internationalen Atomenergiebehörde, meint, wir seien einem Atomkrieg noch nie so nahe gewesen.

Indem es der Stimme der Vernunft Gehör verschafft, kann die historische Aufgabe Europas – und Deutschlands in seiner Mitte – darin bestehen, ein Bollwerk gegen diese Extreme zu errichten. Das Europa, das wir kennen, wirkt eher schwach, der Aufgabe kaum gewachsen. Im Moment aber zeichnet sich kein besserer Kandidat ab. Manche sehnen sich nach größeren Visionen. Doch sie sollen sich die Frage stellen, ob die Aufgabe, dafür zu sorgen, daß die Dinge nicht schlechter werden, nicht bereits Vision genug ist.

Zur Autorin

Die amerikanische Philosophin Susan Neiman lebt in Berlin. 2004 erschien im Suhrkamp Verlag ihr Buch *Das Böse denken. Eine andere Geschichte der Philosophie*.

Inhalt